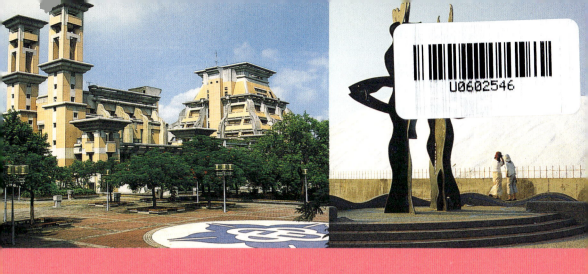

婖游 TAIWAN

南台湾二日游

嘉义·台南·高雄·屏东

行遍天下记者群 / 著

中国旅游出版社

南台湾 二日游 CONTENTS

南台湾示意图

嘉义
仪态万千的诸罗风情

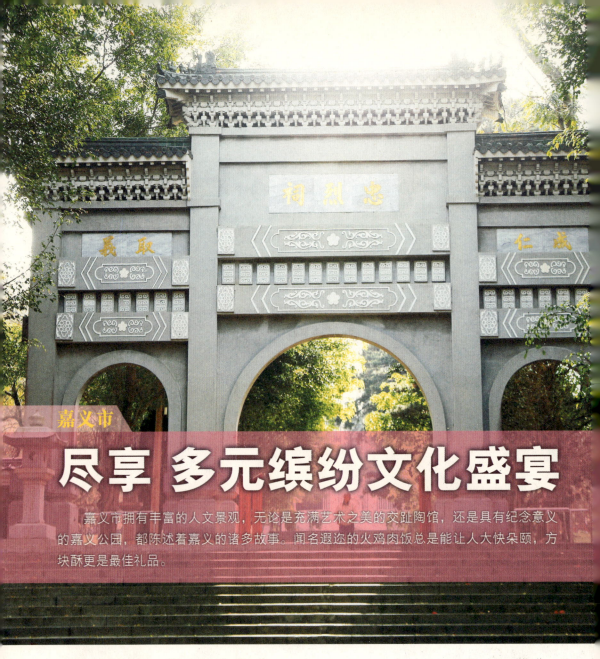

嘉义市

尽享 多元缤纷文化盛宴

嘉义市拥有丰富的人文景观，无论是充满艺术之美的交趾陶馆，还是具有纪念意义的嘉义公园，都陈述着嘉义的诸多故事。闻名遐迩的火鸡肉饭总是能让人大快朵颐，方块酥更是最佳礼品。

【嘉义市导览图】

DAY 1

1 15:00 嘉义公园
2 16:30 老杨方块酥
3 17:00 文化路夜市
4 19:00 耐斯王子大饭店

DAY 2

Go 9:00 耐斯王子大饭店
5 9:30 嘉义市交趾陶馆
6 11:00 嘉义城隍庙
7 11:30 喷水火鸡肉饭
8 12:00 嘉义铁道艺术村

1 市区里的逍遥仙境
嘉义公园

🏠 嘉义市公园路 46 号　📞 (05)276-0054　🚗 "国道" 1 号下嘉义交流道转接 159 号县道往嘉义市区方向，经嘉雄陆桥后转接林森西路、民权路走到底，即可抵达。

　　嘉义公园建于 1910 年，园内保留了许多人文建筑，包括全台首座地震纪念碑，以及阿里山森林铁道火车头等，其中史迹资料馆最值得一探。此外，园内还有一座造型灵感来自阿里山神木的射日塔，塔内青铜雕塑品述说着太古时代平埔英雄冒险射日的故事。

2 人气最旺的礼品
老杨方块酥

🏠 嘉义市中山路 45 号　📞 (05)274-4585　🌐 www.tkfood.com.tw　🕐 8:30~21:30　🚗 "国道" 1 号下嘉义交流道转接 159 号县道往嘉义市区方向，经嘉雄陆桥后转接林森西路、中山路，即可抵达。

　　1979 年老杨方块酥本铺刚开张，短短的民国路上就聚集 30 多家做方块酥的铺子，然而老杨却懂得以创新口味、工厂量产等企业化方式经营，至今已拥有海内外数十家分店，成为全嘉义市方块酥的第一大品牌。到现在老杨仍不断推陈出新，还推出健康的低糖品种，十分贴心。

3 美食小吃齐聚一堂
文化路夜市

🏠 嘉义市文化路，中山路与垂杨路之间　🚗 自嘉义火车站直走中山路，或由民族路、垂杨路直行均可到达文化路夜市。

　　约 50 年前，嘉义市文化路原本只是一片荒凉田园，随着郭家粿仔汤、胡须荣生炒鳝鱼、阿娥冷冻豆花等小吃陆续在此开业摆摊，逐渐吸引人潮前来，为今日文化路夜市的繁荣奠基。如今夜市终年人声鼎沸，昔日小吃摊成了老字号，新派小吃也纷纷进驻，让贪恋美食的游客受惠不少。

4 商务休闲多元享乐
耐斯王子大饭店

📍 嘉义市忠孝路 600 号 📞 (05)277-1999 💲 4900 新台币
起，另加 10% 服务费 🌐 www.niceprincehotel.com.tw
🕐 入住 15:00，退房 12:00 "国道" 1 号下嘉义交流道
转接 159 号县道往嘉义市区方向，左转世贤一路经新生地
下道过忠孝路即可抵达。

　　耐斯王子大饭店结合耐斯松屋时尚百货与
耐斯数码王国，成为云嘉地区第一座兼具商务、
休闲、游乐、购物等多功能国际观光饭店。饭
店内有多家中西式餐厅，并设有健身房、SPA、
多功能会议室，满足不同顾客的需求。自高铁
开通后，饭店还提供高铁与台铁接送服务，因
此成为商旅住宿首选。

5 交趾陶的故乡
嘉义市交趾陶馆

📍 嘉义市忠孝路 275 号（文化中心地下室） 📞 (05) 278-
8225 # 906 🌐 superspace.cca.gov.tw 🕐 周二至周日
9:00~17:00 "国道" 1 号下嘉义交流道往嘉义市区行
驶，左转博爱路再右转博爱路桥，右转忠孝路即可抵达。

　　受尊称为"叶王"的叶麟趾，以色釉驰名
海内外，被视为台湾交趾陶艺术的开山祖师，
由于与尽心推广交趾陶技艺的林添木大
师皆为嘉义人，加上诸多交趾陶师傅
都聚集在此，因此嘉义可说是
"交趾陶的故乡"。2000 年
落成的交趾陶馆设有 6 个
展示区，当中就收藏了这
些大师的作品。

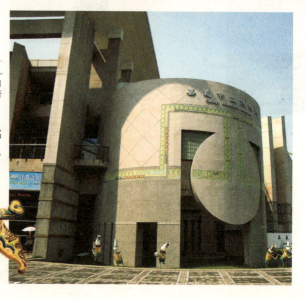

6 唯一皇帝赐匾的三级古迹
嘉义城隍庙

🏛 嘉义市东区吴凤北路 168 号　📞 (05) 222-4116
🚗 自嘉义交流道下，循北港路往嘉义市区，过嘉雄陆桥后接中山路续行，再右转吴凤北路循行即可抵达。

　　建于 1715 年的城隍庙，是全市市民的宗教中心，300 年来香火鼎盛，庙内保存许多极具价值的史料，其中包含全台唯一清光绪皇帝所赐的"台洋显祐"匾额，以及清朝将领王得禄的献匾等，现已列为三级古迹。除了古迹建筑，改建后的城隍庙增添了许多手工精致木雕，以及交趾陶工艺品可供欣赏。

7 超过 60 年的传香美食
喷水火鸡肉饭

🏛 嘉义市中山路 325 号（七彩喷水池旁）　📞 (05)222-2433
🕐 9:00~21:30　🚗 "国道" 1 号下嘉义交流道转接 159 号县道往嘉义市区方向，经嘉雄陆桥后转接林森西路、中山路，即可抵达。

　　早年喷水火鸡肉饭总店只是个竹搭的小摊，当时第一代经营者林添寿在一次偶然中，将面摊剩下的鸡肉铺在饭上食用，觉得口感极佳，之后便改以鸡肉饭招揽生意。淋饭卤汁则是将火鸡肉经过长时间闷煮与文火细熬而成，配上好吃的米饭与火鸡肉，就成了喷水火鸡肉饭。

8 充满人文艺术的休闲去处
嘉义铁道艺术村

🏛 嘉义市北兴街 37-10 号　📞 (05)232-7477　🕐 9:00~17:00　🚗 往嘉义火车站后站方向行驶，至博爱路后转北兴街进入即可抵达。

　　铁道艺术村位于嘉义市火车站后站，由铁道仓库改造而成。假日来访，信步在月台上，耳边回响着火车汽笛声，前院空地可见当地小朋友嬉戏玩耍；进入一间间由废置铁道仓库改装而成的艺术书店、练功房、展览场、表演场，身处艺术与生活共生的场域，感受嘉义市小镇浓厚的乡村人情味。

乐享 祈福之旅好运到

上香祈福为传统民俗活动，近两百年历史的奉天宫香火最是鼎盛，参拜后可再顺访全台唯一以香艺为主题的文化园区、集合古早农村文物的顶菜园乡土馆，回程时再带些礼品，让这趟祈福之旅带来整年好运势。

【新港导览图】

DAY 1

1 14:30 香艺文化园区

2 16:00 新港铁路公园

3 17:30 新港鸭肉羹

4 18:00 旧河道文化会馆

DAY 2

Go 8:30 旧河道文化会馆

5 9:00 板陶窑交趾剪黏工艺园区

6 11:00 顶菜园乡土馆

7 12:30 大树脚阿钦伯粉圆

8 13:00 新港奉天宫

1 袅袅清香熏陶人心
香艺文化园区

📍嘉义县新港乡菜公村嘉北公路 23-6 号
📞 (05)374-7899 🕐香艺文化馆 8:00~19:00，
香艺庭园餐厅 10:00~21:00 💲目前参观免门
票，接受团体预约导览 🌐 www.incense-art.
com.tw 🚌"国道"1号嘉义交流道下，接
159 县道往新港方向，于嘉 68 乡道交叉处右
侧即可抵达。

香艺文化园区包含香料香
草休闲园区、香艺文化馆等，前
者是香料、香草生态区，此区有一座凉亭式建筑，由
制香师傅展示所有制香过程，让游客能更深入认识
"香"产业文化；后者则是文化园区精华，为全台第一
座以"香"为主题的产业文物馆，馆内对香的文化有
详尽解说。

2 复古五分车怀旧情
新港铁路公园

📍嘉义县新港奉天宫香客大楼旁 🚌"国道"1号嘉义交流道
下，走 159 县道往北港方向，至新港乡续直行，中山路过奉天
宫牌楼第一个红绿灯左转，至中正路右转约 200 米即可抵达。

新港铁路公园东起中山路大门，西至新港农
会仓库嘉北路口，全长 400 米，形成一条带状绿
地。这里原是台糖五分车铁道，经过整建、植栽
绿化后，不仅为乡民休憩处所，也是新港新地标。
公园内有一辆台糖捐赠的溪州牌柴油机车头，以
及早期载运甘蔗的列车，它们成为认识历史的活
教材。

3 不可错过的当地美食
新港鸭肉羹

📍嘉义县新港乡中山路奉天大厦 17 号 📞 (05)374-7950 🕐夏天 8:00~19:00，冬
天 8:00~18:30 🚌"国道"1号斗南或大林交流道下，经溪口往新港方向沿路标
至奉天宫，见香客大楼即达。

位于奉天宫不远处的新港鸭肉羹是新港著名的当地美食，特
选优质的土番鸭肉，切丝后以洋葱、蒜、五印醋等大火快炒去除
腥味，加上大量笋丝，一同勾芡熬成香气四溢
的羹汤，汤头带点甜味，鸭肉丝有种特殊的焦
香。一锅锅现做的鸭肉羹总是立即见底，这足见
其受欢迎的程度。

4 质朴版画拓印美好回忆
旧河道文化会馆

📍嘉义县新港乡板头村旧河道 📞0928-939-939 🕐9:30~日落，周一公休 💲拓印体验50新台币 🚗"国道"1号嘉义交流道下，走159县道往北港方向，经高铁高架桥后600米处即达。

学习雕刻艺术出身的黄水水是当地的文化资产大使，在友人建议下投入版画创作与传承工作。他在旧铁道旁仿旧式月台的建筑里进行创作，除了凭着对社会的深刻观察，完成"十二帖"等讽刺现实的作品，也将从事文物保存、社区发展工作时的心得化为一幅幅创作。

5 贴近传统工艺之美
板陶窑交趾剪黏工艺园区

📍嘉义县新港乡板头村42-3号 📞(05)781-0832 🕐9:30~17:30，周一公休 🌐www.bantaoyao.com.tw 💲入园50新台币 🚗"国道"1号嘉义交流道下，走159县道往北港方向，过高铁高架桥第一个路口左转，行驶约3分钟即可抵达。

泉州派剪黏宗师洪坤福的传人陈忠正，为延续该传统工艺，成立了板陶窑交趾剪黏工艺园区。园区内有展示馆、体验工坊、餐饮区等，结合附近嘉南平原的田野风光，打造成交趾剪黏的工艺殿堂。来到这里，不仅可了解交趾陶和剪黏工艺发展史，还可动手DIY，体验交趾剪黏乐趣。

6 感受农村乡土原味
顶菜园乡土馆

📍嘉义县新港乡共和村顶菜园12号 📞(05)781-0313 🕐8:00~21:30 🌐localfarm.ho.net.tw 🚗"国道"1号嘉义交流道下，走159县道往北港方向，过高铁高架桥后约200米即达。

走进顶菜园乡土馆，呈现在眼前的是台湾20世纪50年代的农村景致，园主陈明惠以爱乡更爱土的情怀，在这里发挥创意与巧思。园主甚至将报废的嘉义客运车修理好，并搭建一座保存嘉义客运史的车站，若有团体预约，他还会开着这部"老爷车"带领大家环村游览，让游客体会台湾早期农村之美。

7 逾半世纪的当地美味
大树脚阿钦伯粉圆

- 嘉义县新港乡福德路108号（新港中学对面）
- (05)3745~799 ⏰ 9:30~17:30 💲 粉圆25新台币
- "国道"1号嘉义交流道下，走159县道往北港方向，至新港乡续行，中山路过奉天宫牌楼第一个红绿灯左转，至中正路右转、至福德路再左转约200米即可抵达。

这家摊子在新港中学对面的大树下做生意超过半个世纪，是新港不分男女老少都爱光顾的老字号。阿钦伯的粉圆不同于一般以面粉为原料的粉圆，而是用地瓜粉制成，颗颗晶莹剔透、粒粒分明，不会粘在一起，吃起来香弹滑嫩，搭配上浓郁的黑糖水，甜度适中，令人百吃不厌。

8 百年老庙的文化艺术
新港奉天宫

- 嘉义县新港乡大兴村新民路53号 📞 (05)374-2432
- @ www.hsinkangmazu.org.tw 🚗 "国道"1号斗南或大林交流道下，经溪口往新港方向沿路标可抵达。

奉天宫建于1811年，无论平日或盛会期间均热闹非凡；宫内雕梁画栋无一不精致，并保留丰富的历史文物，是一座集历史、建筑艺术、文化观光于一体的庙宇，并已被定为三级古迹。以奉天宫为中心的中山路、新民路、登云路附近有不少老字号美食小吃，到此别忘了一饱口福。

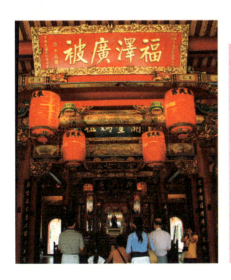

特产礼品

新港饴

新港饴是用花生糖、麦芽糖、面粉、白糖等制成的台式糖果，香甜软弹，在金长利与天观珍两家老店可找到依照古法制作、内含花生的"双仁润"，也有改良过的梅子、桂圆、芭蕉等多种新口味。这两家皆获奖无数，到底哪家最好吃也无标准答案，可多利用试吃服务，喜欢再买。

金长利
- 新港乡新民路85号
- 📞 (05)374-2139

天观珍中山分店
- 新港乡中山路奉天大厦11号
- 📞 (05)374-6075

民雄

感受 朴实中非凡魅力

　　来到民雄，最常看到的就是宽广的马路及路旁绿油油的农田，还能看到家喻户晓的民雄肉包店、民雄鹅肉街；充满人文气息的中正大学，以及极具创意的各类农庄与景点，都为当地注入不少活力。

【民雄导览图】

DAY 1

1 13:30 民雄肉包总店

2 14:00 中正大学

3 15:30 金桔农庄

4 17:30 松田岗创意生活农庄

DAY 2

Go 9:30 松田岗创意生活农庄

5 10:00 嘉义酒厂

6 11:00 民雄鹅肉亭

7 13:00 民雄"国家广播文物馆"

1 民雄肉包总店
口感扎实爽脆

民雄肉包店成立于 1957 年，是当地家喻户晓的地标，在高速公路尚未开通前，台 1 线日夜来往旅客众多，从那时起，民雄肉包就坚持 24 小时营业，因此成为许多人的回忆。最为食客津津乐道的则是肉包饶富古早味的内馅，尝起来香气四溢。除了传统肉包，还有多种新口味。

🏠 嘉义县民雄乡建国路一段 171 号　📞 (05)226-7323、(05)226-2320　🕐 24 小时，全年无休
💲 民雄肉包 17 新台币、酸菜肉包 17 新台币、蛋黄肉包 22 新台币、咖喱肉包 22 新台币
🚗 "国道" 1 号大林交流道下，接 162 县道右转台 1 线，续行至建国路一段可达。

2 中正大学
建筑风格美如海外学院

🏠 嘉义县民雄乡三兴村大学路一段 168 号　📞 (05)272-0411　🌐 www.ccu.edu.tw　🚗 "国道" 1 号大林交流道下，接 162 县道右转台 1 线，遇东荣路左转接大学路，续行可达。

　　中正大学的建筑独具风格，至远楼、高师亭以及各学院建筑，都具有不同特色，流露出浓厚的人文气息。宽敞的凤凰大道及紫荆大道、幽深的宁静湖与寂静的清园等，也都是令人心旷神怡的景点。学院风格的建筑搭配周遭的自然景观，让人如同置身在漫画中的唯美世界。

3 产品坚持天然用料
金桔农庄

◎嘉义县民雄乡三兴村 38 号（中正大学旁）
📞(05)272-0351、(05)272-0214 @ www.
kingezi.com.tw ⏰9:00~17:00 🚗"国道" 1
号大林交流道下，接 162 县道右转台 1 线，遇
东荣路左转接大学路，续行于中正大学前右转入嘉
106-1 乡道可达。

　　金桔农庄是由三合院及废墟改建而成，庄园内有牛舍重修整建而成的生活栽培餐厅，提供金桔风味餐；仓库内摆设了 20 世纪 50 年代农庄生活的早期物品；此外，农庄还有生态池、露营区及烤肉区等。此地主要从事金桔的种植及加工，出售商品种类繁多，将金桔的作用发挥得淋漓尽致。

4 满溢南洋热带风情
松田岗创意生活农庄

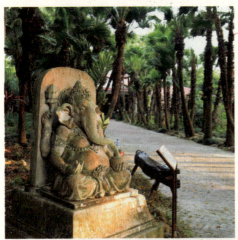

◎嘉义县民雄乡松山村松子脚 48-15 号 📞(05)272-2342 @ www.
sontenkan.com.tw ⏰9:00~21:00 💲日间（9:00~16:00）300 新台币、夜
间（16:00~20:00）100 新台币 🚗"国道" 1 号下民雄交流道，接 164 线
左转 106 至中正大学正门十字路口右转，走神农路到底左转三丰路可达。

　　这座充满巴厘岛风情的生态休闲农庄，流泻在园区中的甘美朗音乐、造型特殊的石雕，以及具代表性的善恶门等，都让人仿佛走在巴厘岛的别墅园区之中。
　　园区内的活动多元，生态导览解说帮助大小朋友认识各式植物；设施方面则规划了漆弹固定靶射击区、沙堆游戏区及戏水区。另外，松田岗的餐饮也不马虎，目前推出的蒙古烤肉主题餐也颇受好评。

5 品味南白酒的甘醇
嘉义酒厂

🏠 民雄乡民雄工业区中山路 4 号 📞 (05) 221-5721 ⏰ 平日 8:30~16:30 🌐 event.ttl-eshop.com.tw 🚗 "国道" 1 号下民雄交流道，走北港路左转世贤路，接忠孝路见 TOYOTA 门市右转民雄工业区即可抵达。

　　嘉义酒厂隶属于台湾烟酒公卖局，已成为台湾地区生产竹叶青、茅台、玉山高粱等白酒的最大酒厂。酒厂占地广达 28 公顷，造型极具古意。二楼的厂史展览室主要展出酒厂 90 年来的发展历史与开发的各种酒；一楼出售的酒冰棒则是游客最爱，有众多口味可供选择。

6 民雄鹅肉街上首选
民雄鹅肉亭

🏠 嘉义县民雄乡和平路 33 号 📞 (05)226-9309 ⏰ 周一至周五 8:30~19:30，周六、周日 8:30~20:00 🚗 "国道" 1 号大林交流道下，接 162 县道右转台 1 线，遇东荣路右转、再左转和平路可达。

　　民雄车站前是嘉义著名的鹅肉街，其中又以民雄鹅肉亭最受食客喜爱。店里出名的盐水鹅的烹制秘诀在于水煮鹅时，待水滚后便立即熄火焖熟，鹅肉的甜味自然散发，肉质鲜嫩多汁又有弹性，再配上特制的酱料，美味无比。除鹅肉之外，鹅肝、鹅心等小菜都有好口碑。

7 具有纪念价值与意义
民雄 "国家广播文物馆"

🏠 嘉义县民雄乡寮顶村民权路 74 号 📞 (05)226-2016 ⏰ 周二至周日上午 9:00~11:30、下午 13:30~16:00，周六、周日需事先预约 🌐 www.rti.org.tw/big5/ms/index.htm 💲 清洁费每人 20 新台币 🚗 "国道" 1 号大林交流道下，接 162 县道右转台 1 线，遇东荣路右转接民权路可达。

　　"国家广播文物馆"位于"中央广播电台"的民雄分站内，除了兼具广播功能，还展示 60 多年来民雄放送所的各项文物。主建筑物至今仍保存良好，当年的多项广播器具亦有展出，包括日本 NEC 生产的 MB-15A 型中波发射机。特别的是，馆方还规划有录音间，让游客体验当播音员的乐趣。

东石

探访 农渔生活原貌

　　东石乡是西部重要的鱼产地之一，假日时总是吸引大批游客前来饱尝海鲜。除了海产，这里所孕育的极为特殊的湿地生态更让人赞叹，而岸上保存良好的农渔村，也令人体会到朴实中的无限生命力。

【东石导览图】

DAY 1

① 14:30 东石渔人码头
② 17:30 祥发餐厅
③ 18:30 天赏居

DAY 2

Go 9:00 天赏居
④ 9:30 船仔头艺术村
⑤ 10:30 市民休闲农园
⑥ 12:00 港口宫
⑦ 13:00 鳌鼓湿地

1 海港夕照风情万种
东石渔人码头

🏠 嘉义县东石乡东石村3号(东石渔港) 📞 (05)370-3550 🌐 www.tbocc.gov.tw 🚗 "国道"1号嘉义系统交流道下,接82号东西向快速道路祥和交流道下,右转嘉45乡道,接168县道左转往朴子、东石方向行驶即可抵达。

　　除了台北,嘉义也有渔人码头,它针对阳光、鱼、船、海洋、灯塔等元素规划不同主题,主体设施包含海洋文化馆、特产馆、商店街、观海亭、浮桥市场及漫步平台等,其中人造白色沙滩公园将滨海戏水休憩功能与原有的渔港风情相结合,打造出不同的海水浴场。

2 新鲜海味做法多变
祥发餐厅

🏠 嘉义县东石乡东石村6-14号 📞 (05)373-1111 🕐 11:00~20:00,公休日不定 🚗 "国道"1号嘉义系统接82快速道路,至尽头右转嘉45乡道直行,遇县道168左转续行,见东石乡公所左转,约200米即可抵达。

　　由于邻近东石港,每天现捞的海产与近海养殖的鲜蚵就是餐厅内最棒的特选食材。冰柜里的花枝、各式鲜鱼随喜挑选,做法可清蒸、红烧、糖醋、酥炸,喜欢怎么吃都可和店家讨论。除了海鲜类,每日时蔬与美味台菜也相当受食客欢迎,餐后还赠送甜点,为用餐画下美好句号。

嘉义
东石

3 温馨古早味居所
天赏居

🏠嘉义县东石乡苔松村船仔头 13 号 📞(05)370-2667,
0915-112-912 🚗"国道"1 号嘉义系统接 82 快速道路,
至尽头右转嘉 45 乡道直行,遇县道 168 左转,至 38.9
公里处(东石乡农会)右转,过广湖宫、市民休闲农园
后,再往前 100 米左转入即可抵达。

　　天赏居是一处传统三合院变身而成的民
宿,正身与左右护龙保存完整,前方的稻埕有
时还会晒玉米等农产品,一派南部传统农村的
景象。民宿主人将两侧房间与屋旁牛棚与猪舍
改装成 6 间简单的雅房,内部陈设几乎全部保
留古早味,就像回到乡下外婆家过夜一样,充
满温馨的感觉。

4 简朴农村生活再现
船仔头艺术村

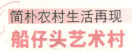

🏠嘉义县东石乡苔松村船仔头 13 号 📞(05)370-2667,
0915-112-912 🚗"国道"1 号嘉义系统接 82 快速道路,
至尽头右转嘉 45 乡道,遇县道 168 左转,至 38.9 公里
处(东石乡农会)右转进去,就是船仔头艺术村。

　　船仔头是朴子溪畔的小农村,因农村没落
青年外流,这里曾面临"散庄"危机。十多年
前旅外居民发起再造新故乡运动,保存村内传
统三合院建筑,发展出市民休闲农园、搭牛车
漫游船仔头及一系列农村 DIY 活动,展现昔日
农村生活原味。

注目焦点

新乐活旅途

　　这个村落的再造主力船仔
头艺术村文教基金会,结合东
石渔村与船仔头农村特色,规
划有半日、一日、两日至三日
套装旅游行程,带领游客深度
体验台湾乡村文化的生命力。

旅游套装行程洽询方式:
船仔头艺术村文教基金会
📞(05)370-2667 或
　　谢素贞小姐 0915-112-912
🏠嘉义县东石乡苔松村船仔头
　　1-5 号
🌐www.CHAU-A-THAU.org.tw
📧ship.lead@msa.hinet.net

5 体验成为快乐农人
市民休闲农园

嘉义县东石乡葛松村船仔头 1-5 号 (05)370-5394 全年无休，采用预约制，可依人数需求安排餐点与活动 "国道"1 号嘉义系统接 82 快速道路，至尽头右转嘉 45 乡道，遇县道 168 左转，至 38.9 公里处（东石乡农会）右转，过广湖宫后至 T 字路底见东石乡数位机会中心，对面就是市民休闲农园。

　　占地近一公顷的市民休闲农园，园区内种植樟树和桃花心木，处处凉荫；此外还栽种了小番茄、芥菜等无农药蔬菜，游客可亲自下田采摘，现场用烧柴的灶烹调。此外还可预订瓮仔鸡、烤地瓜等乡土美食，在树下石桌一起享用通力合作完成的午餐，有一种难以言喻的快感。

6 全台最古老的妈祖庙
港口宫

嘉义县东石乡蚶仔寮 5 号 (05)360-1002 从东石大桥红树林区走 17 号省道北上，转进港口村可达。

　　东石乡港口宫供奉天上圣母与观音菩萨，300 年来历经多次修复，却依然保存完整、古朴典雅。据称港口宫是大陆迁台的妈祖庙中最古老的一座，其余的妈祖庙都是由此分香出去，每年农历三月妈祖寿诞，这里都会举行活动，信徒络绎不绝，盛况空前。

7 休憩赏鸟新乐园
鳌鼓湿地

嘉义县东石乡六脚大排及北港溪出海口之间 (05)370-3550（嘉义县文化观光局）由"国道"1 号下水上、太保交流道或"国道"82 嘉义系统至太保，转嘉义 168 县道往朴子方向，经县政府行政区、东石大桥转台 17 线或转"国道"61 快速道路，沿高架道路旁便道往口湖乡方向约 4 公里，过鳌鼓桥后，下转路口左转入涵洞直走沿路标可达。

　　鳌鼓湿地有沙洲地、鱼塭、农垦区及木麻黄防风林，吸引大批候鸟、水鸟及留鸟前来，根据调查，至少有超过 200 种鸟类。而离海岸线不远的外海，就是云林口湖乡外伞顶洲。由于湿地复杂且完整，受到各地专家学者重视。民众可骑车入园，但造访前最好先洽询相关事宜。

捕捉 海港多变风情

靠海的东石乡与布袋镇，拥有感性与知性多变风情。你可以逛渔市场、吃海鲜和咸冰棒；或是坐在停泊着陈旧小船的港口边，看着金黄色夕阳映照在海面上；还可以搭渔筏出海，认识红树林湿地生态及养蚵人家的生活。

【 东石·布袋导览图 】

DAY 1

1 14:00 布袋观光渔市
2 15:00 布袋港观光渔筏游憩区
3 17:30 布袋港
4 19:00 海王星大饭店

DAY 2

Go 9:00 海王星大饭店
5 9:30 布袋盐山
6 11:00 东石大桥红树林区
7 12:00 海龙园餐厅

① 生鲜渔货集散地
布袋观光渔市

🏠 嘉义县布袋镇中山路三号　📞 (05)347-4136　🕐 8:00~17:00　🚗 台17线接西滨快速道路，左转中山路即可抵达。

观光渔市是布袋港最热闹的地方，新鲜渔货堆积成山，早晚都有民众前来抢鲜，假日更是人潮汹涌。市场内摊位云集，包括生猛渔货、鱼类加工品及现炸海鲜小吃，其中以蚵嗲最具特色；大盘的蚵仔煎也深受欢迎。此外，在这里还可买到腌鱼、鲨鱼烟、鱼片等初级加工品。

② 有趣的生态之旅
布袋港观光渔筏游憩区

🏠 嘉义县布袋镇中正路1号（布袋镇天宫正前方）　📞 (05)347-4526、0963-228-691　🕐 正确时间需以涨退潮时间为准　💲 无人岛生态区（约80分钟）大人250新台币、小孩200新台币；畅游八掌溪（约2小时）大人350新台币、小孩300新台币；抢滩外伞顶洲（约3.5小时）大人650新台币、小孩550新台币（若有变动，以业者公告为准）　🚗 台17线接西滨快速道路，左转后寮路，右转上海路即可抵达。

对生态有兴趣的游客，可在观光渔筏游憩区进行生态之旅，即可由渔筏主人载着游客前往南坑口沙洲生态玩赏区、红树林生态赏鸟园区，以及好美里自然生态园区。在搭乘渔筏的港边，有迷你蚵架模型的展示，主人会解说如何吸引蚵附着其上，现场就能上一堂养蚵课程。

3 怀念繁华往昔
布袋港

📍嘉义县布袋镇中正路底　🚌从观光渔市往西直走，走到中正路底即达海滨。

早在清康熙年间，布袋就是舟船云集的商港，当时还曾赢得"小上海"的美名。如今的布袋已不见昔日盛况，淳朴的渔港转型为游憩场所，黄昏时，总是吸引无数游客驻足港边，观赏太阳由光芒灿烂逐渐转成橘红蓝紫，犹如布袋由过去的繁荣褪尽铅华，平添淡淡的感慨与哀愁。

4 布袋地区最佳住宿选择
海王星大饭店

📍嘉义县布袋镇太平路120号　📞(05)347-2107　🕐入住13:00，退房12:00　💲单床700新台币起，双床1000新台币起　🚌台17线接太平路续行可达。

海王星大饭店就位于布袋镇市区中心，尽管其外观不比五星级饭店壮观气派，不过内部空间却宽敞整洁，而且每间房都备有电视、冰箱、空调等家电。值得一提的是，海王星周边拥有丰富的观光资源，包括渔港、商港、游艇港、观光渔市，还有盐山等，十分便利。

5 大片洁白海洋宝藏
布袋盐山

📍嘉义布袋镇新厝里新厝仔13号　📞(05)347-2003　🚌从东石走台17线往南，可抵达布袋台盐盐山。

日本侵占时期的布袋镇处处都是盐田，随着这些盐田一一出售，盐田景观已经很难再见得到，只剩台盐洗涤厂这座盐山，能稍稍满足旅客赏盐的欲望。洗涤厂内部并不对外开放，游客只能在盐山前拍拍照、买咸冰棒品尝一番。要提醒的是，盐山是台盐的资产，千万不可私自拿取。

6 珍贵的湿地生态
东石大桥红树林区

嘉义县东石乡东石大桥下，朴子溪口旁　"国道" 1 号水上交流道下，接 168 县道往朴子、东石方向至东石大桥可达。

　　朴子溪全长 70 余公里，经年累月的冲积作用，使东石大桥至东石出海口这一河段出现一片广大的河谷平原和湿地。嘉义县政府在此规划出湿地区、赏鸟特区、渡船头及市民码头等区域，其中东石大桥附近的湿地区生长着整片红树林，孕育出生命力十足的湿地生态。

7 美味征服饕客味蕾
海龙园餐厅

嘉义县东石乡永屯村 35-3 号　(05)373-0009　9:00~21:00　tw.myblog.yahoo.com/053730009-tw　"国道" 1 号水上交流道下，接 168 县道往朴子、东石方向，过东石大桥左手边，与台 17 线交叉路口。

　　海龙园餐厅是在台 17 线开通后开始经营的，多年来顾客络绎不绝。镇厅之宝香酥鲫鱼，是将精选鲫鱼酥炸后，用特殊作料卤 8 小时以上，连鱼刺、鱼鳞都能入口即化，鲫鱼烹饪过后散发出的甘甜味征服许多食客的味蕾。此外，香螺、台湾竹笙、鲜蚵面线及冬天特有的乌鱼都不容错过。

水上・太保・六脚

串起 温故知新景点组合

尽管不是大城镇，水上与六脚却有可学到天文知识的北回归线太阳馆、搭上乐活热潮的朴子溪自行车道，以及拥有百年历史建筑的蔗埕文化园区、卖了超过 60 年的蒜头饼……多元玩法与景点组合，散发无限魅力。

【水上・太保・六脚导览图】

DAY 1

1. 14:00 北回归线太阳馆
2. 16:00 庄家方块酥
3. 18:00 蔗埕文化园区
4. 22:00 蟀哥农家

DAY 2

Go 8:30 蟀哥农家
5. 9:00 朴子溪自行车道
6. 11:00 墩窑休闲陶坊
7. 12:30 兴旺饼铺蒜头饼

1 区分热带与亚热带的地标
北回归线太阳馆

📍 嘉义县水上乡下寮村鸽溪寮 21-25 号 📞 (05)286-4905、(05)286-4915 🕐 室外展览区全天候开放；室内展览区周二至周日 9:00~12:00、13:30~17:00；夜间灯光 18:00-24:00 🚗 "国道" 1 号接 82 快速道路，自水上交流道下，接台 1 省道往水上、嘉义方向即可抵达。

早在 1908 年，嘉义水上乡就出现了第一座北回归线标志，陆续修改至今已经是第六代，目前矗立于台 1 线旁的标志建筑就是太阳馆。太阳馆是重新整修的建筑，共有 10 层楼高，除了具有地标功能，馆内还有分区介绍天文科学的常识，也安排许多体验仪器测试科学，极富教育意义。

2 口感香酥追求健康
庄家方块酥

📍 嘉义县太保市南埔路 120 巷 56 号 📞 (05)237-1816 🕐 8:00~23:30 🌐 www.ctcfoods.com.tw 🚗 走 "国道" 1 号嘉义交流道下 500 米，往北港方向前行，左转南埔路沿址可达。

酥脆香的口感、高纤低糖的特色，让庄家方块酥（原雪花方块酥）40 多年来稳居嘉义地区人气特产宝座。为有别于传统方块酥大片的外形，庄家更率先开发迷你方块酥，采用小包装；而在口味方面，则除了全麦原味，另有梅子、海苔等多种创新风味，征服老中青三代顾客。

3 怀旧知性的糖业之旅
蔗埕文化园区

📍 嘉义县六脚乡工厂村 1 号 📞 (05)380-0741 🕐 8:00~17:00 🚗 "国道" 1 号水上交流道下，沿 168 县道往朴子方向，于 8 公里处祥和加油站右转故宫大道，直行约 15 分钟即可抵达。

1906 年创建的蒜头糖厂曾是嘉义县主要经济来源，于 2002 年转型为文化休闲形态的蔗埕文化园区。园内保有许多古迹，像蒜头火车站、百年制糖机具、古老木造宿舍，以及介寿堂，游客可乘坐当年载甘蔗的五分车，重温久违的历史建筑，再尝一杯糖厂特制的冰品，享受甜蜜滋味。

4 重拾儿时欢乐回忆
蟀哥农家

🏠 嘉义县六脚乡六脚村 10 号　📞 (05)378-1234　🕐 周六、周日 9:30~18:00，平日请先电话预约，周一休；入住 14:00，退房 11:00　💰 四人雅房：2800 新台币、2 天 1 夜套装行程 2500 新台币　🚗 "国道" 1 号水上交流道下，朴子往六脚，行台 19 线 79.2 公里处，便可抵达。

　　这处由农场主人蛙婶与蟀伯用心打造的生态园区，里面有种满百里香、薰衣草、迷迭香的香草室，与遍布百香果、芦笋与葡萄的蔬果园，"拈花惹草" 之余，还可以钓青蛙、捉蟋蟀。农场内也有 DIY 教室，若想体验自制玩具或烘焙饼干，主人也可代为安排，让人度过悠闲的欢乐时光。

5 铁马逍遥遨游山海
朴子溪自行车道

🏠 嘉义县六脚乡工厂村 1 号　📞 0932-681-936（松锰休闲车出租）　🕐 平日 9:00~17:00，假日 8:00~17:00（17:00 前提供租车服务，19:00 前还车）　🚗 "国道" 1 号水上交流道下，沿 168 县道往朴子方向，于 8 公里处祥和加油站右转故宫大道，直行约 15 分钟至蒜头糖厂即可抵达。

　　由嘉义县观光局规划改建的朴子溪自行车道，前身是台糖运输制糖原料产品的旧铁道，东起蔗埕文化园区，终点至东石渔人码头，沿途串联六脚、朴子、东石等乡镇，全长约 25 公里。从六脚乡明媚的田园风光、农村聚落，到东石乡沿海的海洋风情，沿途景观秀丽，能尽情享受骑乘乐趣。

6 交趾陶艺术的新生
墩窑休闲陶坊

📍 嘉义县六脚乡潭墘村 75-12　📞 (05)380-4222　🕐 周一至周五 8:00~17:30，周六、周日请先电话预约　🌐 www.chyan-pottery.com.tw　🚗 "国道" 1 号水上交流道下，沿 168 县道往朴子方向前进，遇台 19 线右转直行，右转入 166 号线道，陶坊位于约 16.8 公里处。

潭墘村的砖厂在数十年前因水灾破坏而纷纷结束生产，在砖仔窑几乎消失殆尽之际，身为当地潭墘村人的侯春廷，因对美术艺术的喜爱与本身雕塑的技巧，开始研究交趾陶艺术，并于 1991 年成立墩窑交趾陶工作室，并致力推广交趾陶教学，同时开放空间供游客捏陶体验。

嘉义

水上・太保・六脚

7 一吃上瘾的好滋味
兴旺饼铺蒜头饼

📍 嘉义县六脚乡蒜头村 110 之 3 号　📞 (05)380-2226　🕐 周一至周五 7:30~22:00，周六、周日 7:00~22:00　🌐 http://www.wretch.cc/blog/a3802226　🚗 "国道" 1 号水上交流道下，接台 82 线往朴子方向，续接台 19 线，于 166 县道左转可达。

许多异乡游子回嘉义时都会购买充满古早风味的蒜头饼，因此它又称"回乡饼"。蒜头饼饼皮层次分明，吃起来有淡淡蒜香，让人百吃不厌。目前六脚乡卖蒜头饼的店已不多，经营 60 年的老店兴旺饼铺是少数之一。由于隔壁刚好是歌手伍佰的老家，不少粉丝买蒜头饼时也会顺便前去看看。

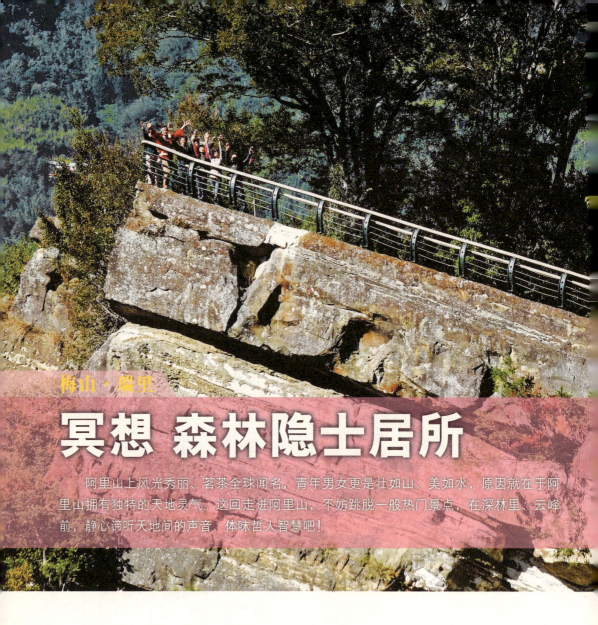

冥想 森林隐士居所

阿里山上风光秀丽、茗茶全球闻名，青年男女更是壮如山、美如水，原因就在于阿里山拥有独特的天地灵气。这回走进阿里山，不妨跳脱一般热门景点，在深林里、云峰前，静心谛听天地间的声音、体味哲人智慧吧！

【梅山·瑞里导览图】

DAY 1

1 14:30 梅山农村文化馆

2 16:00 梅山公园

3 17:30 朵丽丝森林民宿

DAY 2

Go 9:00 朵丽丝森林民宿

4 9:30 圆潭风景区

5 10:40 绿色隧道

6 12:20 花石溪生态保护区

7 12:30 寒溪呢森林人文睿地

1 阿里山茶故乡
梅山农村文化馆

📍 嘉义县梅山乡中山路 127 号 🌐 msfa.com.tw
📞 (05)262-2100 🕐 周一至周五 9:00~17:00（假日需预约）省道台 3 线往梅山方向，进入市区后沿中山路直行可达。

　　梅山乡位于由平地进入阿里山的交界处，在梅山游客服务中心二楼的农村文化馆里，游览一趟就能了解梅山的古往今来。包括农村古文物、早年汉族与少数民族之间开垦留下的史迹介绍，以及梅山乡的水果展示。若想带点礼品，农会展售中心的青心乌龙和金萱，还有各种梅制品都相当受欢迎。

2 落脚散步的休息处
梅山公园

📍 梅山乡安中路一段 699 巷 🛣 "国道" 1 号下大林交流道，沿 162 县道东行经大林、崎顶，右转 3 号省道前进。

　　梅山公园面积广达数公顷，散步之余可欣赏到园中的军舰螺旋推进器、飞弹、F5E 战斗机、坦克等。园区门前有许多出售阿里山特产山粉圆和爱玉的商店和小摊，甚至有小摊也卖附近山区的加工云笋和菜脯，价格实惠。

3 温馨山居小屋品茶香烤鸡
朵丽丝森林民宿

📍 嘉义县梅山乡瑞里村 135 之 1 号 📞 0912-181-832, 0980-984-079 🌐 dorisforest.okgo.tw 🕐 入住 15:00，退房 11:00 💰 双人套房，每人 1500 新台币（含住宿＋二食＋阿里山瑞里导览行程）🛣 梅山市区走县道 162 甲线往瑞里方向，至太兴转 154 号接 166 号县道，经瑞里小学 79 公里处在转即达。

　　朵丽丝森林是一家新落成的民宿，总共只有 3 间客房。屋外有整片葱绿雅致的小庭园；房间内则是木质装潢，以及干净舒适的软床。在这里，白天可到茶园漫步，入夜后则可探访萤火虫。但真正的重头戏是桶仔鸡——以竹子为柴生火将鸡肉烤到脆熟，美妙的滋味让人大呼过瘾。

4 清溪飞瀑自然生态探奇
圆潭风景区

◉嘉义县梅山乡瑞里村 ⏰游客中心 9:00~17:00，步道、瀑布区随时开放 📞(05)250-2026 🚗166 号县道太兴至瑞里间，游客中心 71.5 公里处、云潭步道入口 71 公里处。

圆潭风景区位于 166 号县道约 71 公里处，两旁有多条森林步道，还有多处飞瀑景观，其中一处可沿着云潭步道下行，全长虽仅 500 米，但地面长满青苔，走起来格外费劲。云潭瀑布共有三层，看着水瀑倾泻而下，相当壮观。走累了，不妨坐进圆潭游客中心露台，来碗清凉的爱玉解渴。

超有 Fu 能量体验 1

负离子补充"空气维生素"

在瀑布水花飞溅处，都会产生号称"空气维生素"的负离子，让空气闻起来格外清新。据说也会活化细胞、促进健康。在飞瀑处的圆潭，记得伸展上臂同时深呼吸，让负离子和芬多精进入体内循环，促进新陈代谢，好好地为自己充电。

5 穿梭孟宗竹林变身武林高手
绿色隧道

◉嘉义县梅山乡瑞里村 🚗沿朵丽丝森林民宿后方产业道路可步行或开车抵达，请洽民宿主人。

有别于其他地方的绿色隧道，瑞里的绿色隧道被两大片竹林夹在中间。清一色的孟宗竹，每枝都直挺挺地耸立参天，游走当中，仿佛走进电影《卧虎藏龙》里的场景。不管想要与同伴穿梭在其间，或只想盘膝静坐沉思，偌大的竹林都可以满足你的需求。

6 寻幽探秘者的天堂
花石溪生态保护区

📍 嘉义县梅山乡太和村樟树湖花石溪生态保护区
📞 (05)256-2006、0932-832-046 🚗 "国道" 3 号中埔交流道下，沿台 18 线往阿里山方向，于石桌转进 169 县道经奋起湖过樟树湖观光果园，于 11 公里处附近右侧岔路往下续行可抵达。

中海拔山区、太和村境内，有一处花石溪生态保护区，在这个低度开发的原始林区内，深壑幽静，沿途因水流穿石渗出岩壁，呈现瑰丽花纹，景观极为独特，保护区便是以此为名。由于花石溪水终年不绝且富含石灰质，溪旁地底的岩壁经雨水涓滴形成大片奇岩怪石，蔚为大观。

7 如古代隐士居住的山中乐土
寒溪呢森林人文睿地

📍 嘉义县梅山乡太和村社后坪 2-11 号 📞 (05)266-1507 🌐 www.hanshini.com.tw ⏰ 8:30~17:00 💲 入园 180 新台币（老人、儿童 150 新台币），购买纪念品时可折抵。 🚗 "国道" 3 号竹山交流道下，走 149 县道往草岭方向，接 149 甲线后沿路标行即达。

寒溪呢森林人文睿地位于被邹族视为圣山的塔山前方，相当适合能够让人修养身心的场所。从经营者施先生悉心打理的林荫小道走上山，穿过仿唐式的古朴山门，一级级阶梯连接着四层平台，感觉就像要登向塔山云端。除了有好风景，这里也供应餐饮，可边赏景边啜饮咖啡。

超有 Fu 能量体验2
虔敬祈祷，直通圣山神灵

太极亭位于寒溪呢森林人文睿地内制高点，亭前刻有祈祷词，祈祷对象不限任何宗教神明，只是承认人的渺小、祈求除去贪嗔执念等心灵阻碍。虔敬祷求可直传至对面塔山顶峰，彻底地排除人们心中污浊之气。

竹崎

悠闲 纯净天然山城

竹崎除了拥有阿里山森林小火车，也是台湾早期实施自然农法的重点区域之一，这里有全台第一家有机农法茶园，也有坚持自制天然肥料的农场。清新的自然环境与亲切的人情味，让竹崎散发出独特纯净的旅游魅力。

DAY 1

1 10:30 新高自然农法茶园

2 13:00 田妈妈田园料理馆

3 14:00 奋起湖环山步道

4 17:00 阿良铁支路便当

5 18:30 香林薇拉民宿

DAY 2

Go 9:00 香林薇拉民宿

6 9:30 桃源自然有机农场

7 11:30 英和碗粿

【 竹崎导览图 】

1 回归有机天然风味
新高自然农法茶园

⊙ 嘉义县竹崎乡中和村石桌 21-47 号 ☎ (05)256-1866 ⊙ 参观需事先预约 ⊡ "国道" 3 号竹崎交流道下，接 166 乡道往竹崎方向，右转台 3 线接台 18 线往石桌方向，约 700 米可抵达。

　　石桌盛产风味独具的高山茶，曾因土壤饱受酸化危机，于是新高自然农法茶园主人洪廷山回归祖先的自然农法，通过天然栽植技术，让新高成为台湾第一家施行自然农法根植的茶园。第二代传人洪启瑞承袭父亲栽种方式，连制茶过程也完全遵循父亲的程序，提高茶叶生产品质。

2 可口健康的当地佳肴
田妈妈田园料理馆

⊙ 嘉义县竹崎乡中和村奋起湖 165-2 号 ☎ (05)256-1645 ⊙ 需事先预订 ⊡ "国道" 3 号竹崎交流道下，接 166 乡道往竹崎方向，右转台 3 线接台 18 线往奋起湖方向，续接 169 县道行至奋起湖车站约 500 米即可抵达。

　　"田妈妈"陈素抹将阿里山产的茶与轿篙笋入菜，研发出近 50 道笋餐、20 余种茶餐，并曾荣获特色小吃比赛金牌奖，手艺深获肯定。为确保品质，食材都是等客人预约后才进行采买，谨遵"三低一高"健康烹饪概念，制作出一道道令人垂涎的可口佳肴。

3 沐浴在翠绿山林中
奋起湖环山步道

🔘 奋起步道位于车站前300米好望角咖啡入口处；杉林木栈道位于老街后段。🚗 "国道" 3号竹崎交流道下，接166乡道往竹崎方向，右转台3线接台18线往奋起湖方向，续接169县道行至奋起湖车站。

　　奋起湖环山步道包含铁路以北奋起步道与南侧杉林木栈道，全长约两公里。奋起步道两旁有高大杉木与青翠竹林，并设置观景平台，能眺望奋起湖聚落全貌，杉林木栈道沿途为整齐划一的柳杉与台湾杉，株株昂首屹立于青山翠峦间，游览全程沐浴在芬多精中，身心彻底放松。

4 记忆中的古早味
阿良铁支路便当

🔘 嘉义县竹崎乡中和村奋起湖117号 📞 (05)256-1809 🌐 rice.greencom.com.tw/ 🕐 平日9:00~18:00，假日8:00~18:00 🚗 "国道" 3号竹崎交流道下，接166乡道往竹崎方向，右转台3线接台18线往奋起湖方向，续接169县道行至奋起湖车站，步行至老街下方、台湾肖楠树林旁即可抵达。

　　营业近25年的阿良铁支路便当早期主要为阿里山区采茶师傅供应餐食，如今仍使用传统手艺制作，以自家制成的红糟排骨与古法卤鸡腿为双主菜，搭配当季高山蔬菜等十种丰富配菜，并特选高级桧木片与白铁制成便当盒，数小时内可保食材新鲜，吃完还可以当纪念品收藏。

5 浪漫温馨欧式风情
香林薇拉民宿

🏠 嘉义县竹崎乡中山路 6 巷 1 号　📞 (05)261-6923　🌐 www.vivilla.com.tw
💲 薰衣草双人房，平日 2200 新台币、假日 3000 新台币；洋甘菊四人房，平日 2400 新台币、假日 4300 新台币　🚗 "国道" 3 号竹崎交流道下，续接 166 乡道往竹崎方向，左转台 3 线往梅山方向，行至三岔路直行入竹崎市区，行经铁路交叉口后左转即可抵达。

　　民宿原址是老旧的水电行，经温爸爸一家人亲手规划建造，外观散发典雅的欧洲气息，内部采用上等原木建材极具艺术美感的布置，将五个宽敞套房各自打造出如法式乡村、地中海蓝白风情，且以不同香草来命名。主人将民宿旁的荒地辟成小花园，打造出如画般浪漫的南法氛围。

6 自然孕育甜美果实
桃源自然有机农场

🏠 嘉义县竹崎乡桃源村 7 邻 75 号　📞 (05)254-1550　🕐 事先需预约　🚗 "国道" 3 号竹崎交流道下，接 166 乡道往竹崎方向，接 122 乡道于右方岔路进入约 500 米即可抵达。

　　农场主人张仁主过去曾因使用农药而中毒，所以自1997年起采取不用农药的自然农法。近年农场传承至第二代张茂轩经营，并维持有机栽培种植方式，少量多样耕种，同时将外观有瑕疵的果实酿成水果醋或酵素等。农场还以自家养殖的鸡鸭、蔬果烹制成有机大餐，吃得新鲜又健康。

7 便宜好吃传统美食
英和碗粿

🏠 嘉义县竹崎乡鹿满村鹿鸣路 36 号　📞 (05)261-1083　🕐 6:00~14:00　🚗 "国道" 3 号竹崎交流道下，接 166 乡道往竹崎方向，右转台 3 线与至 159 县道交接处右转 200 米即抵。

　　英和碗粿经营 50 多年，是竹崎当地人都知道的老店，招牌碗粿以红葱头与虾米下锅炒香，添加对半比例的生熟米浆蒸煮而成，口感软嫩香弹，咬下去嘴里满满馅料，不用淋酱料就很香醇。店内还有多款人气小吃，如色泽金黄的竹笋番薯包、筒仔米糕、排骨酥等，皆是人间美味。

竹崎・阿里山

尽享 森林SPA温柔抚触

生活压力让人疲倦，不妨入住阿里山上的高山慢宿，任由芳疗师温柔的双手让紧绷身体恢复元气，再品尝奋起湖老街特有的手工美食，接着进行旧铁道游览、生态探奇，从旅途中获得前进的全新力量。

DAY 1

1 14:00 光华社区生态之旅

2 17:00 奋起湖老街

3 18:00 好望角咖啡

4 19:30 缓慢民宿

DAY 2

Go 9:00 缓慢民宿

5 9:30 糕仔崁古道

6 11:30 水山支线

7 12:30 阿里山高山博物馆

【 竹崎・阿里山导览图 】

1 大自然的惊奇旅程
光华社区生态之旅

嘉义县竹崎乡光华村顶笨仔 22-1 号（顶笨仔文化协会）(05)256-1929 或 0933-618-601 刘嘉南理事长（生态之旅请事先预约）"国道" 1 号中埔交流道下，接台 18 在 63.5 公里处石桌左转 159 甲县道，沿光华村路标续行约 6 公里可抵达。

夜里觅食的飞鼠、满山遍野的萤火虫，或是脚下的萤光蕈，看到这景象总令久居都市的人感到惊叹不已，这片美好山林是光华村民努力的成果。社区导游刘充霈将自家房车加装投影机，当车行至步道或是原始森林入口，配合投影片生动解说，让游客能在导览中获得更多知识。

2 大啖私房手工美食
奋起湖老街

嘉义县竹崎乡中和村奋起湖 (05)256-1001（豆腐店）、(05)256-1158（竹笋之家）、(05)256-2375（河北水饺），前往各店家用餐建议事先电话预约 "国道" 1 号中埔交流道下，接台 18 线在 63.5 公里处石桌左转 169 县道，续行约 5 公里奋起湖火车站旁可抵达。

来奋起湖一定要到老街吃美食，除了人手一盒火车饼，若逢时蔬产季，无论是河北水饺滋味特殊的佛手瓜水饺，或竹笋之家使用当地轿篙笋制作的笋餐都值得一试。另外，奋起湖 147 号的豆腐店依照日式古法所做的山泉水豆腐更是一绝，哇沙米豆腐、豆渣饼等都是必尝的招牌美食。

3 饮人气山城咖啡
好望角咖啡

嘉义县竹崎乡中和村奋起湖 165-2 号 (05)256-1645 "国道" 1 号中埔交流道下，走台 18 线往石桌、奋起湖车站方向，循老街可抵达。

好望角咖啡位于阿里山火车站、奋起湖老街上方约百米处，背倚森森绿林，前拥阿里山 "火车、老街、小镇" 三合一风情，是绝佳的露天观景台。倚坐咖啡座，眼前仿佛上演一部火车小镇怀旧电影。另外，沿着附近的糕仔崁古道循序而上，则可登上观景台，饱览奋起湖风光。

4 森林SPA解放身心
缓慢民宿

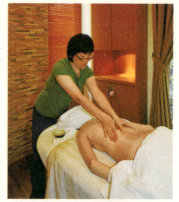

📍 嘉义县竹崎乡中和村奋起湖214-2号　📞 (05)256-1314　🌐 www.theadagio.com.tw
💲 双人房平日2800~4100新台币、假日3600~5200新台币，山月慢食晚餐请事先预订
🚗 "国道"1号中埔交流道下，接台18在63.5公里处石桌左转169县道，续行约5公里中和小学旁可抵达。

　　经过蜿蜒山路，到达缓慢民宿深吸一口属于森林的芬芳，有种脱离水泥牢笼的感觉。来到"缓慢"还能拥有最棒的体验——做SPA。通过芳疗师那如施展魔法的双手的按摩，让原本积压在每一寸肌肤的疲累都能排出。在这种美好体验中，也让游客学会生活就该慢慢来。

5 往来瑞里的联络道路
糕仔崁古道

📍 嘉义县竹崎乡中和村　🚗 下水上交流道至嘉义市，接159号县道至鹿满，转接3号省道往番路，续行159甲县道经乐野至奋起湖往太和169号县道，约16公里处即达。

　　糕仔崁古道早在清嘉庆年间即已存在，当时因交通不便，奋起湖居民往来瑞里都需依赖此道路。古道长约1公里，沿途会经过台湾柳杉、孟宗竹及石篙竹林。途中有座日本神社遗址，以及一丛树龄超过200年的阔叶神木群，为古道沿线增添不少乐趣，也让人遥想起昔日景象。

6 铁道支线寻老神木
水山支线

嘉义县阿里山乡中山村 59 号（阿里山森林游乐区） (05)267-9917 假日全票 200 新台币、平日全票 100 新台币、平假日半票 100 新台币 "国道" 1 号中埔交流道下，接台 18 沿阿里山森林游乐区路标续行可抵达。

这条鲜为人知的铁道起点在沼平车站，长约 1.6 公里，步行来回约半小时。沿着铁轨散步，一路有着种类丰富的树木相伴，十分舒服，走到终点处的木桁架仿古铁路桥，再沿着青苔石板步道往上，就可看到比阿里山神木还大、树龄 2700 年却仍绿意盎然的香雪神木。

7 了解少数民族生活缩影
阿里山高山博物馆

嘉义县阿里山乡中山村 59 号 (05)267-9917 8:00~11:00, 14:00~17:00 全票 200 新台币、半票 100 新台币 "国道" 1 号中埔交流道下，接台 18 沿阿里山森林游乐区路标续行可抵达。

位于阿里山 "国家森林游乐区" 里的阿里山高山博物馆为日本侵占时期所建，建筑本体结构全是高级桧木，仔细看还能看到横梁上烙有 "台湾总督府" 字样。馆内收藏着阿里山早期开垦时所使用的器械用具，一旁还搭建有少数民族的住屋、仓库等模型，可以看出过去少数民族的服饰和使用的生活器具的样貌。

43

高歌 阿里山茶乡文化

阿里山风景区凭着自然美景享誉世界，而以邹族与茶乡构筑的人文风景则展现出另一风貌。清幽的早晨，在露水丰沛的茶园漫步；云雾缥缈的午后，品尝养生的茶香风味餐；明月朗朗的夜晚，与邹族同歌共舞。

【番路·阿里山导览图】

DAY 1
1 14:30 生力农场
2 16:30 二延平山步道
3 17:30 优游吧斯
4 19:30 龙云休闲农场

DAY 2
Go 8:30 龙云休闲农场
5 9:00 大冻山森林公园
6 10:30 乐野部落
7 12:00 阿将的家

1 动手动口体验高山茶清香
生力农场

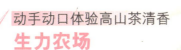

- 📍 嘉义县番路乡公田村隙顶9-2号
- 📞 (05)258-6785、0920-249-108
- 🌐 www.sheng-le.com ⏰ 周一至周五需电话预约，周六、周日9:00~21:00
- 🚌 "国道"3号中埔交流道下，转台18线阿里山公路，至56公里处隙顶路段即可到达。

阿里山的茶名声响当当，生力农场的茶叶更荣获过特等奖。在黄老板两代的经营下，除了拥有茶叶工厂，另设有茶香风味餐厅和茶叶DIY体验区。这里的茶风味餐走清淡、健康路线，饱餐后来到DIY体验区，还可亲手尝试茶叶萎凋、杀青，让游客动口又动手，体验阿里山茶特有的经历。

2 云雾缭绕的茶香仙境
二延平山步道

- 📍 嘉义县番路乡公田村隙顶 🚌 台18线阿里山公路，在约39.5公里处的一座土地公庙附近。

二延平山步道全长约两公里，此地遍布巨石，最早来此开辟的茶农就因地制宜将茶树种在巨石缝隙间；第二代茶农将巨石敲成小石块，堆叠在边缘形成稳固的挡土墙，成为特殊景观。午后时分，雾气会沿着地形从山顶向下飘动，形成云瀑奇景，在缭绕的轻烟中钻过茶树间小径，相当有趣。

3 与邹族文化共舞
优游吧斯

📍嘉义县阿里山乡乐野村 4 邻 127-2 号　📞 (05)256-2788
🌐 www.yuyupas.com　🕐周一至周五 10:00~17:00，周六、周日
10:00~21:00　💲入园费全票 200 新台币、优惠票 100 新台币可抵
园内消费；餐饮风味便当 150 新台币、合菜 10 人份 4500 新台币
起　🚌台 18 线阿里山公路至石桌，转县道 169 往乐野方向约 2 公
里即可到达。

　　优游吧斯是以邹族语"富足安康"为名的部落文
化园区。来到这里，可先接受邹族的祈福仪式，再到
哈莫馆观赏各种狩猎器具，现场还有茗茶、咖啡、餐
厅与手工艺品展售。不能错过的则是精彩的歌舞表
演，在宁静的星空下，欣赏邹族青年们随着传统歌曲
舞出生活中的点滴，绝对难忘。

4 与森林融为一体的绿民宿
龙云休闲农场

📍嘉义县竹崎乡中和村 18 邻石桌 1 号　📞 (05) 256-2216　🌐 www.
long-yun.com.tw　🕐入住 15:00，退房 11:00　💲住宿依房型，桧木
双人房 3500 新台币起，桧木四人房 4200 新台币起（以上价格皆
含一泊二食）　🚌台 18 线嘉义往阿里山方向 63.5 公里处，左转接
169 县道往奋起湖方向，沿路标即可到达。

　　　　　　　龙云休闲农场位于海拔 1500 米
　　　　　　高山上，后方有小径通往阿里山森
　　　　　林。民宿主人为了与四周的景致融为一
体，特别引入绿色建筑概念。高低参差的屋舍与远处
的梯田美景相呼应，倾斜的屋顶可用来躺在上面欣赏
星空，房内大面窗户以远方青山作装潢。在这里舒服
地睡一觉，是到阿里山难得的体验。

5 漫步森林优游自然
大冻山森林公园

📍嘉义县阿里山乡乐野村 🚗由奋起湖走 169 线公路，在 15 公里处转 155 线道，约 2 公里后可抵大冻山停车场。

大冻山上拥有孟宗竹林步道、柳杉林及天然原始林栈道，沿着森林步道漫步，可欣赏美景与吸收大自然的芬多精。若想更深入了解当地的自然生态以及人文历史，不妨请邻近的民宿主人安排解说服务。而登上大冻山海拔 1976 米的山顶，具有 360 度宽广视野，可遍览附近山峦和平原景观。

6 巨岩古道追寻勇士传说
乐野部落

📍嘉义县阿里山乡乐野村 📞(05)256-1436 乐野社区发展协会 💲参观免费，导览套装行程 3000 新台币起（含部落景点解说、美食 DIY 教学等）🚗省道台 18 线阿里山公路 61.2 公里处，转县道 169 往乐野方向即可到达。

乐野部落是外人来到大阿里山第一个会遇到的邹族部落，在这里有两块特别的巨石：一为"战功石"，旧时邹族勇士在这块石上刻出锯齿痕迹，以计算战功；另一块 4 米高的巨石，传说因为有位邹族人可直接跳上去，因此被称为鸟人，这块巨石就成了"鸟人石"，有兴趣的人不妨试试。

嘉义

番路·阿里山

7 邹族美食 DIY 野炊乐
阿将的家

📍嘉义县阿里山乡乐野村 4 邻 129-6 号 📞(05) 256-1930 🌐 www.ajong.com.tw/ajonghotel 🕐周一至周四 8:00~16:00，周五 8:00~12:00，周六 16:00~23:00，周日 7:00~16:00 🚗台 18 线阿里山公路隙顶路段约 61.2 公里处，转县道 169 往乐野方向，顺指示路标行车约 5 分钟即可抵达。

走进阿将的家，放眼望去所有木造、石砌的建筑全都是主人阿将靠着祖父教的技术亲手搭建的。一般游客虽然没有阿将的本事，但是也可以自己动手烹饪午餐。在阿将的指导下，把糯米装入竹筒中，做出香喷喷的竹筒饭；在火炉边烧烤穿在竹扦上的猪肉片，搭配食用，特别可口。

中埔

亲近 山林水秀当地风情

栗子，这份专属秋天的香甜美味，只有在中埔乡的深山里才能品尝得到，但中埔精彩之处可不仅如此，保证爱情长长久久的吊桥、能和可爱小牛亲近的牧场，还有风景绝佳的餐厅……唯有深入当地，才能玩得尽兴。

【中埔导览图】

DAY 1

1. 14:00 天长地久桥
2. 14:40 林家栗园
3. 17:30 吴凤纪念公园
4. 18:00 莺山温泉民宿

DAY 2

Go 8:30 莺山温泉民宿
5. 9:00 独角仙休闲农场
6. 10:30 绿盈牧场
7. 12:30 山玥左岸景观餐厅

1 见证坚贞的爱情
天长地久桥

◉ 嘉义县番路乡触口（阿里山公路边）🚗 沿台18线阿里山公路往嘉义方向，过触口即达。

"天长"与"地久"是两座以缆为线架起的吊桥，横跨在溪流上，地久桥桥身较新颖，一旁就是公路，但桥梁本身的功能却是休闲大于交通。天长桥是通往天龙岩圣南宫的唯一通道，不过近期因基座严重掏空有坍塌之虞，暂时不开放通行，所以游客们只能在入口处拍照过过瘾了。

2 千金难买极致秋之味
林家栗园

◉ 嘉义县中埔乡社口村内埔2邻18之1号 📞 (05)253-5585、0911-363-095（请电话预约）🚗 台18线阿里山公路往内埔方向，转吴凤纪念公园对面道路直行3.5公里可达。

原产于温冷地带的栗子，一百多年前被引进台湾，由于气候不适应与品质不佳等因素，始终无法大量推广种植。经中埔农友不断改良，终于使其在北回归线以南落地生根。中埔乡拥有全省唯一的栗子产销班，让板栗在8~10月蹦出饱满、金黄色泽的果实，因量少质佳，若错过了季节，千金难买！

3 吴凤舍身的历史场景
吴凤纪念公园

◉ 嘉义县中埔乡义仁村十字路2-5号 📞 0919-804-706 🕐 全年皆可进入 🚗 "国道"3号下中埔交流道接阿里山公路，沿着标即可抵达。

走阿里山公路下山别太匆忙，经过吴凤纪念公园时，不妨停下车进去逛逛。由国际建筑大师汉德宝精心规划的闽南式庭园，环境清幽舒适，栩栩如生的人物雕像，诉说着当年吴凤在此舍身、阻止少数民族猎人头习俗的故事，雕像的肢体与脸部表情相当生动，重现当年历史场景。

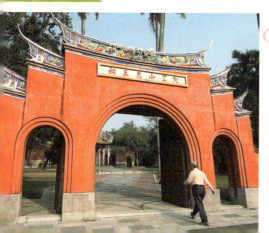

4 消磨美好时光
莺山温泉民宿

🏠 嘉义县中埔乡石村 14 邻 36-23 号
📞 (05)253-1150 🌐 www.inshan.net
🕐 入住 15:00，退房 11:00 "国道" 3
号中埔交流道下往阿里山方向行驶，过顶
六后走 135 县道沿指示牌方向前进可达。

　　莺山温泉民宿是嘉义县内唯一的碳酸温泉民宿。这里群山环绕、视野开阔，天气好时能望见嘉义市区至台湾海峡的风景，入夜时又能欣赏灯火与繁星交织的景色。此外，民宿内还遍植花草树木，游客来此可以置身最自然的泡汤空间与不受打扰的住宿环境，抛开烦恼享受慢活人生。

5 最受儿童欢迎的乐园
独角仙休闲农场

🏠 嘉义县中埔乡石弄村 15 邻 45 号　📞 (05)203-0666
🕐 平日 8:00~17:00，假日 8:00~18:00　🚗 "国道" 3 号
下中埔交流道，直走阿里山公路右转顶中公路往中埔方
向，沿路标即可到达。

　　独角仙休闲农场原本专门饲养乳牛，但在投入当地特有昆虫独角仙的复育工作之后，便开始朝休闲农场发展。在这里，除了可亲近牛群、品尝醇正浓郁的乳制品，还可以参观独角仙生态馆内收藏的珍奇标本，并模拟野外生态环境，帮助游客了解独角仙从幼虫到成虫的蜕变过程。

6 玩牛喝奶吃奶餐
绿盈牧场

📍 嘉义县中埔乡盐馆村 4 邻 2-3 号 📞 (05)253-8505 🌐 www.greening. com.tw 💲门票 50 新台币，可抵消费；套餐 200 新台币起 🕐 9:00~ 23:00 🚗沿台 18 线往嘉义方向，遇省道台 3 线左转，再左转嘉 134 线，即可抵达。

绿盈牧场是一座集休闲、观光、娱乐功能于一体的大型牧场，以饲养乳牛为主，另有垂钓区、烤肉区、戏水区、滑草场、赏鸟区等，提供多元休闲乐趣。位于草园上坡的观景餐厅居高临下，视野极佳，供应牛奶香草餐、鲜奶火锅等美食；草原鲜奶吧则有特制的鲜奶酪、鲜奶小馒头等美食可供品尝。

嘉义

中埔

7 仁义潭好山好水一览无遗
山玥左岸景观餐厅

📍 嘉义县番路乡江西村 39 号 📞 (05) 259-4789 🕐 11:30~21:30，周二店休 🌐 tw. myblog.yahoo.com/mountain-moon 🚗"国道" 3 号中埔交流道下接忠义路、弥陀路，右转大雅路直行 15 分钟可达。

嘉南第一景仁义潭旁的山玥左岸，以得天独厚的绝佳视野，引领客人进入自然悠闲的好山好水。不论选择靠窗的室内座位，还是阳伞下的户外餐桌，均可在天然美景的陪伴下，享用精致味美的珍馐佳肴。这里的餐点全部现点现做，排餐、小火锅、下午茶等，均有其独特好滋味。

大埔

沉浸 青山绿水享悠闲

　　紧邻曾文水库的大埔乡虽没有名山胜水，却拥有丰富小城生活：白天逛逛竹笋工厂、窑厂，然后到农场里悠闲玩乐；隔天，再安排到可眺望湖光山色的咖啡馆品味香醇咖啡、搭船游湖。只要选对地方，度假就会逍遥！

DAY 1
- **1** 14:30 和平窑
- **2** 15:30 西拉雅曾文管理站
- **3** 17:00 竹笋工厂
- **4** 18:00 欧都纳山野度假村

DAY 2
- **Go** 10:30 欧都纳山野度假村
- **5** 11:00 白马亭
- **6** 11:30 玄山湖山林咖啡
- **7** 13:00 曾文水库
- **8** 14:30 跳跳休闲农场

【嘉义市·大埔导览图】

1 兼具环保健康概念的竹炭
和平窑

📍 嘉义县大埔乡和平村石碛内 22 号　📞 (05)252-1229
🕐 8:00~18:00　💲竹醋液 100 新台币起、竹炭手工香皂
150 新台币起　🚗 "国道" 3 号接 84 号快速道路，行驶
至尽头，抵达玉井，再接台 3 线省道，经嘉义农场、大
埔，过大埔桥后右转青山产业道路即到。

　　和平窑是专门生产孟宗竹炭的竹炭窑，
窑主巫崇生在 2002 年时进入竹炭窑界，如今
已是竹炭达人。从原料采收，到烟熏、风干、
窑烧，全由他一人包办，运气好的话，还可
看到出窑画面，这里也出售竹炭衍生的商品，
包括竹炭花生、竹炭冰淇淋、竹炭手工香皂
等，自用送礼两相宜。

2 提供游人完善旅游资讯
西拉雅曾文管理站

📍 嘉义县大埔乡和平村双溪 100 号　📞 (05)252-1368
🕐 8:00~17:00　🚗 "国道" 3 号接 84 号快速道路，行驶
至尽头，抵达玉井，再接台 3 线省道，过嘉义农场至大
埔，往大埔湖滨公园方向即到。

　　曾文管理站也就是大埔游客中心，馆内
提供各项旅游资讯服务，由于大埔以萤火虫
生态闻名，馆方特别在二楼规划萤火虫展示
区，展出各种萤火虫的图片简介，而根据按
钮点选，被选到的萤火虫模型尾部即亮灯，
加深大家对不同种类萤火虫的认知，是一个
寓教于乐的生态展示馆。

3 参观麻竹笋的加工过程
竹笋工厂

📍 嘉义县大埔乡和平村　📞 (05) 252-1009、(05) 252-
1728　💲脆笋一包 50 新台币　🚶走 "国道" 1 号下嘉义交
流道，接 159 县道往嘉义方向，续接 18 号省道至十字
路，转 3 号省号往大埔方向，过大埔加油站前 100 米左
右即到。

　　大埔特殊的地形与高温湿润的气候有利于
麻竹生长，加上此地麻竹口感清脆，因此笋干
成了外销的抢手货。规模较大的麻竹加工厂位
于前往茶山部落的县道上，7~9 月是采收麻竹
的最好季节，工厂得把麻竹蒸煮杀青、发酵、
分批处理，游客到此可见识麻竹从新鲜到加工
后的模样。

4 绿野湖畔享自然假期
欧都纳山野度假村

🏠 嘉义县大埔乡大埔村 202 号 📞 (05)252-1717 🕐 平日入住 15:00，退房 11:30；假日入住 15:30，退房 11:00
💲 双人房 3200 新台币起 🚗 "国道" 3 号行驶至中埔交流道，由中埔交流道经顶六转台 3 线于 297 公里处行驶至大埔 337.5 公里处即可抵达。

　　欧都纳山野度假村坐落在曾文水库上游，占地超过两公顷，以原始天然的优美环境著称，周围紧临湖滨公园，风景秀丽。环绕着大片草坪的木屋区，皆采原木建造，散发让人心旷神怡的乡村味道。园区村内也提供生态导游与美食服务，游客到此可尽情贴近自然，彻底放松。

5 全览水库湖光山色美景
白马亭

🏠 嘉义县大埔乡大埔自来水厂沿山上产业道路 🚗 "国道" 3 号下中埔交流道，接阿里山公路往中埔方向，转台 3 号省道南下方向即可抵达。

　　要鸟瞰大埔乡全貌最佳的制高点就是白马亭，从大埔乡可以健行登上白马亭，距离约 1.5 公里，沿途路径陡峭，是练脚力的好场所。由白马亭观赏大埔乡与曾文水库美景，最佳时间为上午 9:00 过后，此时天气晴朗，湖光山色尽入眼帘。枯水期更是欣赏湖底生态的最佳时机。

6 品味地道台湾咖啡
玄山湖山林咖啡

📍 嘉义县大埔乡省道 3 号 338 公里处　📞 (05)252-2169　💬 www.coffee338.idv.tw　🕐 9:00~21:00
🚗 "国道" 3 号下中埔交流道后往中埔、嘉义农场方向，沿途直走省 3 线至 338 公里处即达。

玄山湖山林咖啡位于大埔村上方，坐落在宽敞的露天平台上，可一边品尝咖啡，一边赏景。这里咖啡使用的咖啡豆，是周边咖啡园所生产，游客若有兴趣，不妨趁着咖啡豆成熟时，亲自走访，体验难得的台湾咖啡生态之旅。餐厅内也提供了多种餐点，选择多样丰富。

7 乘风逐浪赏美景探私秘
曾文水库

📍 嘉义县大埔乡大埔村 278 号　📞 (05)252-2096　🕐 平日 8:00~16:45，假日 8:00~17:45　💲 门票 100 新台币　🚗 "国道" 3 号北往玉井快速道路，左转曾文库公路即可到达。

到曾文水库一定要搭乘观光游艇，才能领略曾文水库之美！一趟完整的游湖行程约 70 分钟。从大埔湖滨公园码头出发，首先会抵达掬月半岛前的水域，接下来则是山猪岛，也是此行中最有趣的地方，当游艇鸣笛靠岸，可见到山猪们聚集在岸边，抢夺游艇工作人员喂食的画面，令人莞尔。

8 刺激冒险生态之旅
跳跳休闲农场

📍 嘉义县大埔乡西兴村菜瓜坪 1 号　📞 (05)252-1529　🕐 7:00~22:00　💬 www.gogo66.com.tw　💲 免门票，山训每人 250 新台币、菩提叶书签 DIY 或生态导览住宿房客免费、游客 50 新台币　🚗 "国道" 3 号接 84 号快速道路，行驶至尽头，抵达玉井，再接台 3 线省道，行至 348.3 公里处，沿路标右转上坡不久即达。

跳跳休闲农场保有丰富生态资源，游客在此可纵情于山野，体验大自然的奥秘，业者更积极培育蝴蝶，在解说员的引领下，不但可见到黄裳凤蝶穿梭花丛林间，还可以在树梢上发现它的蛹。此外，这里也规划有多种野外活动，并有教练详细解说示范，让您轻松跨越险恶的山谷。

台南 姿态迷人的新旧氛围

尽赏 府城当地创意

台南真是越老越迷人！"老"在台南市不等于古旧，反倒是创意发挥的所在，倒闭两年多的旅舍可整装再出发，老旧的街屋也摇身变为艺文空间，加上市区里遍布传统美食，快找个周末休假日来趟"赏创意、觅美食"之旅吧！

DAY 1

1. 14:30 千畦种子博物馆
2. 16:30 得意吉冰激凌
3. 17:10 黑蜗牛木工工作室
4. 18:00 石精臼蚵仔煎
5. 19:00 佳佳西市场旅店

DAY 2

Go. 9:00 佳佳西市场旅店
5. 9:30 神学院老树群
6. 10:40 水仙宫青草店
7. 11:00 阿松刈包

【台南市 1 导览图】

1 市区里的秘密绿色花园
千畦种子博物馆

📍 台南市东丰路 451 巷 29-1 号　📞 (06)236-0035
🕐 如欲参观请先电话预约　🚗 "国道" 1 号下永康交流道，西行台 1 线，过中华路后沿中正南路、公园路直行，遇长荣路五段左转直行，遇东丰路左转即可抵达。

虽名为博物馆，却没有一板一眼的展览厅，只见馆主将一袋袋、一罐罐色彩各异的种子，晾在棚架下或摆在柜子上。这里还有各种植物，绿意盎然地恣意生长绽放，和低调的木板屋构成和谐画面。有兴趣，还可做种子 DIY，也有手工闻香可选购，非常适合在此度过悠闲的午后时光。

2 季节限定的手工冰激凌
得意吉冰激凌

📍 台南市东丰路 323 号　📞 (06)236-5377　🕐 11:00~22:00
🌐 www.dishege.com.tw　💲 单球 60 新台币，脆饼篮 10 新台市　🚗 "国道" 1 号下永康交流道，西行台 1 线，过中华路后沿中正南路、公园路直行，遇长荣路五段左转直行，遇东丰路左转即可抵达。

强调手工现做的得意吉意式冰激凌店，除了常年供应香草、巧克力、草莓、百香果等基本款，另依季节推出杧果、香蕉、哈密瓜等水果口味冰激凌，并分为牛奶底、水果底，不妨各选一款请店家放在脆饼篮上，滑软的冰激凌配上现做脆皮威化饼，再点杯咖啡，就是一顿完美的下午茶。

3 老街屋改造手工家具店
黑蜗牛木工工作室

📍 台南市神农街 76 号　📞 (06)221-5795　🕐 有展览才开放，以网络信息为主　@ blacksnail-blacksnail.blogspot.com　💲 免费参观　🚗 "国道" 1 号下永康交流道，西行台 1 线，过中华路后直行小北路、西门路，遇西门路圆环右转民族路三段，遇海安路二段左转直行，即可抵达神农街。

黑蜗牛木工工作室是利用老街屋改造而成，艺术家们只做了小规模修补，保留大部分的原貌，入内可见早期人们的巧思，例如二楼的落地门，即为应当时进货需求而设置；天井既可采光，也有区隔住家与店面的功能。目前此处不定期会有工艺作品展出，详细资讯可上网确认。

台南

台南市
1

59

4 现剖鲜蚵肥美滋味
石精臼蚵仔煎

🏠 台南市国华街三段 182 号　📞 (06)223-5679　🕐 7:30~19:30，不定休
💲 蚵仔煎 60 新台币　🚗 "国道" 1 号下永康交流道，西行台 1 线，过中华路后直行小北路、西门路，沿西门路圆环右转即可接民族路，前行至国华街口左转即可抵达。

本岛养蚵业全数集中在南部，台南占地利之便，可取得现剖鲜蚵。未经浸水处理的蚵仔下锅后保持肥美本色，加上石精臼蚵仔煎额外添加略咸肉膜，让蚵仔更显甘甜。老板娘以纯熟的技巧浇粉浆快煎蚵仔煎，还没上桌就叫人垂涎欲滴。另外，这里的香菇饭汤也十分有名，建议也可来一碗。

5 创意文化新生旅店
佳佳西市场旅店

🏠 台南市中西区正兴街 11 号　📞 (06)220-9866　🖥 www.jj-whotel.com.tw　💲 3200 新台币起　🕐 入住 15:00，退房 12:00
🚗 "国道" 1 号下永康交流道，西行台 1 线，过中华路后直行小北路、西门路，过西门路圆环续行西门路，遇正兴街右转即可抵达。

创业 30 年的佳佳，原本已吹起熄灯号，却在建筑师与文化人的创意下重生，摇身变成台南高级旅店。旅馆大厅中有数不清的创意作品；二楼开放空间也有多处别致的设计，例如将美丽的咖啡杯摆在落地柜中，让咖啡杯的花纹变成了墙面的一部分。而一房一主题的设计则更见巧思。

6 神学院老树群
蓊郁成荫百年老树

◎ 台南市青年路 360-23 号　🚗 "国道" 1 号下永康交流道，西行台 1 线，过中华路后直行小北路、西门路，遇成功路左转直行至火车站前圆环，接北门路一段右转，遇青年路左转即可抵达。

　　府城开发早、变动缓慢，许多老树因而幸存。创设于 1876 年的台南神学院，院内种植的几株老树经文史工作者考证，确认为台湾龙眼树树母、全台第一株缅栀（俗称鸡蛋花）、树龄逾 300 年的樟树，以及已逾百岁的木麻黄等。难得一见的老树群，是造访神学院不可错过的景点。

7 水仙宫青草店
清凉消暑古早味饮料

◎ 台南市国华街三段 183 号　📞 (06)225-8349　🕖 7:00~21:30
💲 青草茶 20 新台币起　🚗 "国道" 1 号下永康交流道，西行台 1 线，过中华路后直行小北路、西门路，沿西门路圆环右转即可接民族路，前行至国华街口左转即可抵达。

　　旅行时，连续几顿油腻的食物吃下来，最好来杯青草茶解解腻。位于国华街口水仙宫青草店卖的茶饮使用的都是真材实料。光看摆在店门口的大把各色植物，在阳光下散发着宜人香气，就让人忍不住想买杯沁凉透心肝的青草茶。敢喝苦味的，则建议喝杯苦茶退火消暑。

8 阿松刈包
滑嫩夹馅征服味蕾

◎ 台南市国华街三段 181 号　📞 (06)221-0453　🕖 8:00~18:00 售完为止（周四公休）💲 普通包 60 新台币、瘦肉包 70 新台币、猪舌包 80 新台币（每份两个刈包）🚗 "国道" 1 号下永康交流道，西行台 1 线，过中华路后直行小北路、西门路，沿西门路圆环右转即可接民族路，前行至国华街口左转即可抵达。

　　这儿的刈包有三大特色：外皮又厚又松软，像极了馒头，但吃起来一点都不干涩；搭配的酸菜不只香，还带有脆脆的口感；中间的夹馅无论是猪舌、瘦肉或肥瘦各半的卤肉，全都香嫩、软滑。其中猪舌包是食客们的最爱，就连免费提供的例汤也是大受好评的牛肉汤。

台南市 2

探索 悠远府城文化

充满隽永气息的台南，在许多角落都能发现岁月痕迹，来到这里，最适合访古探幽。无论是历经三百年沧桑的安平古堡，还是充满文化气息的孔庙文化园区，甚至一份古早味的当地小吃，浓浓的历史氛围都让人回味再三。

【台南市2导览图】

DAY 1

1 14:30 安平古堡

2 16:00 安平运河·林默娘公园

3 18:00 阿明猪心冬粉

4 19:00 大亿丽致酒店

DAY 2

Go 8:30 大亿丽致酒店

5 9:30 巴克礼纪念公园

6 11:00 孔庙文化园区

7 12:00 克林台包

8 13:00 吴园

1 百年古城探历史风韵
安平古堡

台南市安平区国胜路 82 号　(06)226-7348　8:30~17:30 门票全票 50 新台币，半票 25 新台币　http://tourism. ezgo.to/webcam /page2.htm　"国道" 1 号台南交流道下，转东门路朝台南市区行驶，接民权路，左转青年路，接民生路，过中华西路接安平路续行，行至古堡街右转即达。

原名为热兰遮城的安平古堡是荷兰人于 1624 年建造，后更名为安平古堡，并沿用至今。经过 300 多年变迁，这座堪称台湾最古老的城堡，只剩下城壁遗迹、砖砌平台、陈列馆、瞭望台和古壁史迹公园。建议游客可先到陈列馆了解其历史，再登上瞭望台，远眺周遭美景。

2 运河两岸的迷人夜色
安平运河·林默娘公园

台南市安平区安平路　"国道" 1 号台南交流道下，转东门路朝台南市区行驶，接民权路，左转青年路，接民生路，过中华西路接安平路，左侧即为安平运河。安平路行驶至平生路左转过安亿桥，接安亿路而行即达林默娘公园。

由早期运输功能转为休憩功能的安平运河，整治规划后，可供游客一路欣赏河岸风光。跨越运河的望月桥，每到夜晚即披上缤纷的霓虹灯，倒映在河面十分浪漫；林默娘公园则是安平地区新兴观光景点，木栈道加上绿草皮营造出辽阔的空间感，也是体验安平港迷人夜色的好去处。

3 大排长龙台南传统小吃
阿明猪心冬粉

台南市中西区保安路 72 号　(06)223-3741　17:30~次日 2:00，不定休　"国道" 1 号台南交流道下，转东门路朝台南市区行驶，接府前路，左转西门路，再右转保安路即达。

阿明猪心冬粉每天傍晚营业，但往往还未开店，摊前就已涌入排队人潮。这里的猪心冬粉是招牌菜，几乎每位客人来店必点猪心汤，加上冬粉则是懂门道的内行人吃法，也增加了饱足感。料好实在的猪心吃起来弹嫩，口感绝佳，冬粉吸收了汤汁更加滑顺鲜美，只有吃过的人才能体会得到。

4 国际水准的五星住宿
大亿丽致酒店

⊙ 台南市中西区西门路一段 660 号　📞 (06)213-5555　🕐 入住 15:00，退房 12:00　🌐 www.tayihlandis.com.tw/tayih_ok/　💲 双人房 4700 新台币起，另加 10% 服务费　🚗 "国道" 1 号台南交流道下，转东门路朝台南市区行驶，接府前路，左转西门路即达。

　　虽然台南市区有不少便宜且设备新颖的汽车旅店，但安全、干净且地理位置超优的大亿丽致酒店，不仅房间有国际水准，住进来也能感到异国气息。此外，这里还有商务中心、免费网络、健身中心、游泳池等周全设施，更重要的是，饭店附近都是美食小吃，只要步行就能尝遍所有美味。

5 城市中的生态绿色林
巴克礼纪念公园

⊙ 台南市东区中华东路三段 357 巷　🚗 "国道" 1 号台南交流道下，转东门路朝台南市区方向行驶，中华东路三段左转，过崇明路即达。

　　台南市文化中心对面的巴克礼纪念公园绿意盎然，还有一畦湖泊，湖中荷花含苞待放，两侧杨柳枝叶随风摇曳，是台南市东区最珍贵的绿色核心。公园内没有太多人工雕琢，追求的是与自然相融，提供民众一处野趣天成的休憩环境，伴随着昆虫、鸟类的丰富生态，展现出多样风情。

6 凌越五甲沐浴书香
孔庙文化园区

⊙ 台南市南门路 2 号（孔庙），台南市五妃街 201 号（五妃庙），台南市中西区开山路 152 号（延平郡王祠）　📞 (06)221-4647（孔庙），(06)214-5665（五妃庙），(06)213-5518（延平郡王祠）　🕐 9:00~17:00（孔庙、延平郡王祠），8:30~21:30（五妃庙）　🚗 "国道" 1 号台南交流道下，转东门路朝台南市区行驶，接府前路，左转西门路，行至西门圆环即达。

　　来到台南，当然得领略超越 300 年的悠久历史。必访的包括有"全台首学"美称的孔庙，再走访同属于一级古迹，在市府的规划下成为公园的五妃庙，接着瞻仰供奉台南人的守护神郑成功的、旧名为开山王庙的延平郡王祠。经过这趟行程，游客一定会收获颇丰。

7 用料精实停不了口
克林台包

📍 台南市府前路一段 218 号　📞 (06)222-2257　💲 八宝肉包 25 新台币　🕗 8:00~22:30　🚗 "国道" 1 号台南交流道下，转东门路朝台南市区行驶，接府前路直行至南门路口即达。

　　只要是台南人，几乎都知道这间原本是普通面包店的知名老店。刚蒸好的肉包带着奶香的外皮，配上精实的肉块与咸蛋黄大口咬下，让人忍不住吃完一个接一个。这里的包子种类众多，以八宝肉包最受欢迎，内馅除了猪肉，还有香菇、蛋黄，用猪胛心肉加上松阪肉混搭的肉馅，鲜腴味美。

8 大户人家的传奇庭园
吴园

📍 台南市民权路二段 30 号　📞 (06)221-7942　🕗 8:00~22:00　🚗 "国道" 1 号下永康交流道，西行台 1 线，过中华路后直行小北路、西门路，遇西门路圆环绕行左转民族路二段，遇公园路右转直行，遇民权路左转即可抵达。

　　又名"公会堂"的吴园，原本是清朝时本地"阿舍"吴尚新的宅第，与板桥林家花园等并列为台湾四大名园。如今吴园只剩一小块水池庭阁。池畔的阶梯式造景是年轻人约会谈心的热门地点，一旁老树下的如茵绿草、古旧红砖墙，也是广受欢迎的摄影取景地。

安平·安南

追寻 百年历史风华

安平与安南两处紧紧相邻，同样是台南历史起源地，也都拥有深厚的人文内涵及林立的古迹群，老屋聚落落地生根数百年，时至今日留下许多沧桑记忆，却仍值得不断探索回味，可说是兼具知性与感性的游览胜地。

【安平·安南导览图】

DAY 1
1. 14:30 鹿耳门天后宫
2. 16:00 四草炮台
3. 17:30 周氏虾卷
4. 18:30 维悦统茂饭店

DAY 2
Go 9:00 维悦统茂饭店
5. 9:30 亿载金城
6. 10:45 安平树屋
7. 11:45 东兴洋行
8. 13:30 同记安平豆花

1 呈现台湾寺庙建筑之美
鹿耳门天后宫

📍台南市安南区妈祖宫一街 136 号 📞(06)284-1386 🌐www.luerhmen.org.tw 🚗"国道"1 号下新市交流道，接中华北路、安明路，至妈祖宫一街即可到达。

根据记载，当年郑成功为感念妈祖显灵庇护，让他顺利挥军鹿耳门并击退荷兰人，特别建庙供奉随舰护航来台的妈祖神像，即现在的鹿耳门天后宫。这尊妈祖神像是由祖国大陆稀有檀木雕刻而成，因庙内香火鼎盛，妈祖面容已被熏成黑色，但嘴唇则仍呈现朱红色；而庙宇建筑之美也很值得欣赏。

2 见证历史的二级古迹
四草炮台

📍台南市安南区显草街一段 381 号 🚗"国道"1 号新市交流道下，转台 1 线接台 17 线行经四海大桥即可到达。

四草炮台又称镇海城桓炮台。在清道光年间，因鸦片战争爆发，为防止英军侵略，便由当时台湾兵姚莹负责固守安平港，并分别在其南、北岸设立炮台，其中四草炮台即位于北岸。四草炮台现已被列为二级古迹，被完整地保留在镇海小学的围墙上，记录着当时的风云岁月。

3 享誉盛名的安平小吃
周氏虾卷

📍台南市安平区安平路 408-1 号 📞(06)280-1304 🕐10:00~ 22:00 🌐www.chous.com.tw 🚗"国道"1 号下永康交流道，往台南方向前进至中正北路口，右转中央路，再右转中华北路一段，经中华西路二段至安平路直走可达。

创始人周进根原本是卖鱼丸类小吃的，后来转型卖自助餐，当时虾卷只是其中的一道菜，由于风味独特、料好实在，因此改为专卖虾卷并声名大噪，成为台南最具代表性的小吃之一。周氏虾卷开业虽已超过 50 年，但仍坚持传统做法。除了虾卷、鱼羹、担仔面、虾丸及虱目鱼粥亦受顾客喜爱。

4 古迹赏玩商旅住宿
维悦统茂饭店

台南市安平区庆平路 539 号 (06)295-0888 双人房 4800 新台币起 www.toongmao.com.tw/tw.htm "国道" 1 号下永康交流道右转，走中正南路右转中华北路，接中华西路右转安平路，左转华平路过望月桥后右转庆平路即可到达。

位于台南运河河畔的维悦统茂饭店，前身是河景大饭店，重新装修后以自然休闲南洋风格为主，搭配中式传统装饰。河景房将水岸美景尽揽入室，安平夕照、渔人码头、四草动物保护区尽入眼帘。同时邻近安平古堡、亿载金城等名胜古迹，游赏景点、大啖小吃都非常容易。

5 全台首座西式炮台
亿载金城

台南市安平区光州路 3 号 (06)295-1504 8:30~17:30 全票 50 新台币、半票 25 新台币，台南市民凭身份证免费 "国道" 1 号永康交流道下，转台 1 线接公园路，走民族路接圆环，由安平路走左岔安亿桥后左转即可到达。

亿载金城因炮台入口城门上有沈葆桢题"亿载金城"字样而得名。城门采用西洋式红砖建筑，内部放置有沈葆桢的纪念铜像与古炮台，已被列为一级古迹。炮台周围早年还是海洋，后来因沿海泥沙淤积，让沙洲连在一起，而今已是茂林密布。

6 屋树共生奇观
安平树屋

台南市安平区古堡街 108 号（英商德记洋行旁）(06)391-3901 8:30~17:30 全票 50 新台币、全票 25 新台币（与英商德记洋行共用）"国道" 1 号永康交流道下，沿 1 线续行至台南市区接公园路，至圆环后续行民生路、安平路、安北路转古堡街即可到达。

安平港"国家历史风景区"曾荣获美国水岸中心 2004 年设计类首奖，其中人气景点安平树屋，最初是德记洋行的仓库，后改为台盐仓库，曾一度荒废，任由榕树寄生，形成"树中有墙，墙中有树"的特殊景象。之后经空间再造，搭设木栈道让人可轻松入内赏玩，展现屋树共生的生命之歌。

7 百年商号再现繁荣风华
东兴洋行

📍 台南市安平区安北路 233 巷 3 号　📞 (06)228-1000　🕐 周日至次周周四 10:00~22:00，周五、周六 10:00~24:00
🚗 "国道" 1 号永康交流道下，沿台 1 线续行至台南市区接公园路，至圆环后续行民生路、安平路、安北路即可到达。

　　建于清朝年间的东兴洋行曾风光一时，如今通过古迹再利用，试图重现往昔盛况。这幢西式洋楼，建筑风格中西合璧，正面开立五孔圆拱墙柱，古典唯美，洋楼内壁炉亦是台湾少见的陈设。在委外经营管理后，特别营造出户外咖啡座的悠闲情调，游人参观古迹老屋后可顺便享用美食。

台南

安平・安南

8 滑嫩爽口的古早味
同记安平豆花

📍 台南市安平区安北路 433 号　📞 (06)391-5385　🕐 9:00~23:00
💻 www.tongji.com.tw　"国道" 1 号永康交流道下，沿台 1 线续行至台南市区接公园路，至圆环后续行民生路、安平路、安北路循址即可到达。

　　从第一代创始人黄庆同推着摊车，沿着安平大街小巷叫卖，到现在于安北路开店并创立同记安平豆花，其间已有 30 多年历史。由于非常注重豆花品质，除了采用上等纯正的黄豆及配方，连同水质也经过慎选，然后再以古法精制，因此做出来的豆花软嫩细滑，难怪每到假日店里总是挤满客人。

特产礼品

依蕾特布丁

　　虽然安平以传统小吃闻名遐迩，然而这几年蹿红的人气美食，却以依蕾特布丁为首选，并因此成为府城十大礼品之一。独特口感的布丁，特点就在于完全以鲜奶代替水，浓香纯度很高。除了人气招牌鲜奶布丁之外，还有可可奶酪、杧果奶酪、杏仁奶酪、焦糖鲜奶布蕾、芝麻鲜奶布蕾等多种口味。

📍 台南市安平区安平路 422 号
📞 (06)226-0919　🕐 10:00~21:00
💻 www.elate.com.tw

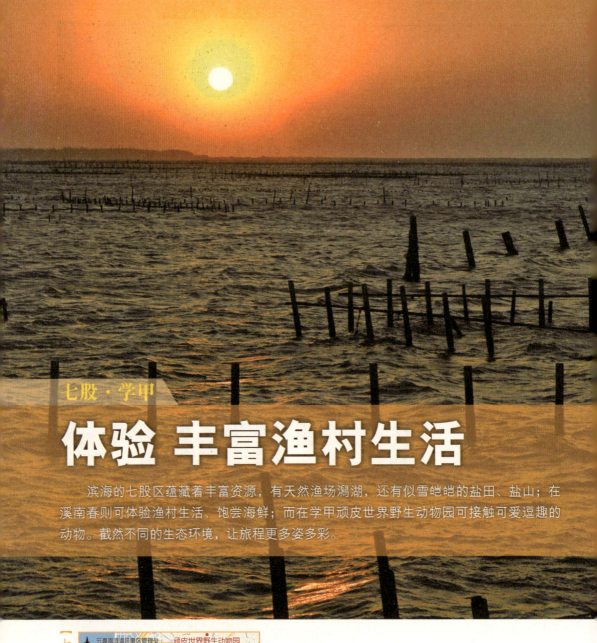

七股·学甲

体验 丰富渔村生活

滨海的七股区蕴藏着丰富资源，有天然渔场潟湖，还有似雪皑皑的盐田、盐山；在溪南春则可体验渔村生活、饱尝海鲜；而在学甲顽皮世界野生动物园可接触可爱逗趣的动物。截然不同的生态环境，让旅程更多姿多彩。

【 七股·学甲导览图 】

DAY 1

❶ 13:30 七股潟湖

❷ 15:30 七股盐山

❸ 17:00 台湾盐博物馆

❹ 18:00 溪南春休闲度假渔村

DAY 2

Go 10:00 溪南春休闲度假渔村

❺ 10:30 学甲慈济宫

❻ 11:40 蓝码虱目鱼专卖店

❼ 12:20 顽皮世界野生动物园

1 七股潟湖
搭竹筏作生态之旅

🔘 台南市七股区三股里 48 号（七股潟湖风景区促进会）
📞 (06)788-1662、0910-830-454 🕐 9:00~19:00（预约搭竹筏游潟湖解说）🌐 www.boats.com.tw 🚗 由"国道"1 号麻豆交流道下，沿 176 县道往佳里方向至台 17 线 161 公里处右转可达。

　　由顶头额、网仔寮及青山港三个沙洲阻隔外海形成的七股潟湖，为全台最大潟湖。为了让更多人了解潟湖之美，七股潟湖风景区促进会规划有生态之旅，游客可搭乘竹筏游潟湖、观赏红树林与蚵棚；顺着防风林幽静的木栈道往前走，台湾海峡便在眼前，开阔景致令人心神畅快。

2 七股盐山
南台湾的长白山

🔘 台南市七股区盐埕里 66 号 📞 (06)780-0511 🕐 8:00~18:00 📧 cigu.tybio.com.tw
🚗 由"国道"1 号麻豆交流道下，沿 176 县道往佳里方向，接台 17 线再自 176 县道或南 34-1 沿路标可达。

　　来七股，盐山自然是最特别的景观！看那来自天然的盐田所收成的盐，堆积成两座小丘，如皑皑白雪，在阳光的照射下晶莹耀眼，十分壮观，因而有南台湾的长白山之称。除了观赏七股盐山，也可尝试爬爬盐山，享受攻顶的乐趣。顺便尝支咸冰棒，以及特产海鲜小吃，真是一大乐事。

3 盐业知识与历史之旅
台湾盐博物馆

📍台南市七股区盐埕里 69 号 📞 (06) 780-0990 🕐平日
9:00~17:00，假日 9:00~17:30（7~8 月暑假期间延后 30
分钟闭馆）💰全票 130 新台币、学生及军警优惠票 110
新台币、身高 90~110 厘米儿童票 30 新台币 🌐 www.
taiwan-salt.com.tw 🚗由"国道"1 号麻豆交流道下，沿
176 县道往佳里方向，接台 17 线再自 176 县道或南 34-1
即可抵达。

　　台盐在全球"保存工业遗产"的浪潮下，
决定保留七股盐场、盐田及晒盐、工厂等，为
不再晒盐的台湾留下该产业的记忆。以盐结晶
外形为意的台湾盐博物馆，外观设计仿佛两座
盐山，馆内不仅展示台湾 300 多年的晒盐历史，
也有世界各地盐产业的介绍，另外还有 DIY 平
安盐吊饰的体验。

4 渔村生活真情相约
溪南春休闲度假渔村

📍台南市七股区溪南里 42-1 号 📞 (06)787-4365 🕐入住 14:00，退房
11:00 🌐 www.3sfish.com.tw 🚗由"国道"1 号麻豆交流道下，沿 176
县道往西直行，遇台 17 线左转，过七股溪桥后再右转进南 31-1 乡
道可达。

　　以渔村特色结合生态旅游的溪南春休闲度假渔
村，不仅规划有多种休闲设施，还在特别保留的老渔
塭内养了虱目鱼、吴郭鱼供游客垂钓。度假村内的餐
厅提供风味独特的菜肴，如炒过再煮的蚵仔面线、用西
瓜绵提味的新鲜虱目鱼汤等。想体验渔村生活、品尝海鲜大
餐，一定要到这里。

5 保生大帝在台开基祖庙
学甲慈济宫

📍台南市学甲区济生路 170 号 📞 (06) 783-6110 🌐 www.
tcgs.org.tw 🚗"国道"1 号新营交流道下，由 172 县道接
台 19 线往南行，至学甲有路标可达。

　　慈济宫是保生大帝在台湾的开基祖庙，
相传为来自福建同安县白礁乡移民兴建，为三
级古迹。庙内原有许多大师叶王的交趾陶作
品，曾一度失窃，之后获企业家陈永泰赠送，
庙方特辟叶王交趾陶文物纪念馆展示。目前
慈济宫分灵庙宇遍布岛内，以及福建、香港、
马尼拉等地。

6 秉持健康，吃出原味
蓝码虱目鱼专卖店

📍 台南市学甲区民权路 61 号 📞 (06)782-2661
🕐 10:00~20:00 🚗 "国道" 1 号新营交流道下，由 172 县道接台 19 线往南行，至学甲街中正路，转民权路即可抵达。

　　蓝码虱目鱼专卖店所卖的虱目鱼料理特别采用创新的蒸煮机来烹调，不仅能够保留虱目鱼的原味，而且坚持少盐、不添加味精的健康理念，再加上使用熬煮了 30 个小时的鱼骨高汤做汤底，让鱼肉品尝起来鲜味十足，一吃就上瘾。另外，招牌餐点还有鱼燥饭、树子蒸鱼肚等。

7 亲近动物的最佳园地
顽皮世界野生动物园

📍 台南市学甲区三庆里顶洲 75-25 号 📞 (06)781-0000 🕐 平日 8:00~17:30，假日 8:00~18:00 💲 成人 480 新台币、儿童 380 新台币；团体（30 人以上）成人 450 新台币、儿童 350 新台币 🌐 www.wanpi.com.tw 🚗 "国道" 1 号新营交流道往盐水方向下，车行约 10 分钟，沿途皆有路标指引。

　　占地 20 公顷、号称拥有包括长臂猿、羊驼、鹈鹕、水狸鼠、企鹅等 300 多种动物的顽皮世界，不同于其他动物园采用栅栏、铁网区隔方式，园区半开放的观赏方式让动物和游客可以亲近。其中最受欢迎的就是动物秀，无论是大象"爱丽美"还是可爱的猴子军团的表演，都让您大开眼界。

留住 温馨香草回忆

来到乡村小镇，除了品尝传统的当地美味，不妨造访具有独特风格的花圃和农场，无论是供应自然蔬食的自然农园，还是拥有大片苗圃的花海庭园都令人惊艳，同时还可顺游萧垅文化园区，留下深刻回忆。

DAY 1

1　11:30　桂孟自然农园

2　14:30　萧垅文化园区

3　16:30　北头洋平埔文化馆

4　18:30　黄东公园大饭店

DAY 2

Go　9:00　黄东公园大饭店

5　9:30　佳里中山市场

6　11:00　金唐殿

7　12:00　花前叶下

【佳里导览图】

1 崇尚天然健康的农园
桂孟自然农园

📍 台南市佳里区溪洲里 2-11 号 📞 (06)726-3234 或 0931-895-753 ⏰ 采用预约制，参观可当天预约，用餐至少需提前一天预约 🚗 "国道" 1 号麻豆交流道下，行 176 县道进入市区后佳东路右转，沿台 19 线往学甲方向北行，过将军溪见溪洲社区的红色牌楼，左转进去约 100 米可达。

　　隐身于密林深处的红砖农舍，就是桂孟自然农园，园内种植多种时令蔬菜、香草及观赏盆栽。再往里走，一座三层楼高的木屋耸立眼前，是游客留影拍照时必到之处。这里供应的菜肴，食材几乎全采用农场里无化肥的野菜蔬果，因此鲜嫩清新，吃过的人都说赞。

2 糖厂变身展演空间
萧垅文化园区

📍 台南市佳里区六安里六安 130 号 📞 (06)722-9910 ⏰ 9:00~17:00（周一、周二休馆）🌐 soulangh.tnc.gov.tw/ 🚗 "国道" 1 号麻豆交流道下，行驶 176 县道进入佳里市区，佳东路右转，沿台 19 线北行，再转延平路即达。

　　萧垅文化园区原为佳里糖厂，糖厂关闭后，将闲置空间转型为具有当地人文特色的大型艺术展场，原有的 14 座台糖仓库部分有彩绘创作，古朴的外观与结构则不变，2005 年起正式对外开放。园区拥有广大的开放空间，规划为展馆区、铁道地景区、文化剧场区等，呈现出全新的人文风貌。

3 展示珍贵历史文物
北头洋平埔文化馆

🏠 台南市佳里区海澄里 66-1 号　📞 (06)729-8221　🚗 "国道" 1 号麻豆交流道，接 176 县道进入佳里市区，续接台 19 线，转南 26 线即可抵达。

　　文化馆以竹子和茅草搭建，内部展示有关西拉雅平埔族及北头洋地区资料，包含平埔地契、佳里古地图、老照片、活动照片及实物展示等。文化馆附近的荷兰井，是荷兰人为供人饮用及耕作而开凿的，300 多年来，北头洋聚落的居民均赖此井饮水。该井属于石灰质水井，水质清冽、味道甘甜。

图片提供／台南市政府采米旅游局

4 简单雅致商务旅店
黄东公园大饭店

🏠 台南市佳里区中山路 401 号　📞 (06)723-2711　💲 双人房 1200 新台币起、豪华房 2400 新台币起，平日 8 折　🌐 www.facebook.com/yellowstone.jiali　🚗 "国道" 1 号麻豆交流道下，往佳里方向行驶 176 县道，进入市区后进学路直行，至中山路左转可达。

　　黄东公园大饭店楼高 10 层，是佳里镇上少有的大饭店，虽然已有十多年历史，但房间装潢简约雅致，尽管不像时下汽车旅馆般的新颖、花哨，但位于闹区且价格便宜公道、空间干净明亮，加上每间房都有窗户，应有的设施样样不缺，无论旅游、商务皆适宜。

5 不吃后悔的当地小吃
佳里中山市场

🏠 台南市佳里区中山路　🚗 "国道" 1 号麻豆交流道下，往佳里方向行驶 176 县道，进入佳里市区后，延平路左转、新生路右转，至中山路口可达。

　　这处当地传统菜市场里，有不少广受人们喜爱的传统美食，像拥有 60 年历史的米苔目，采用鱼骨高汤为汤底的鱼肚米苔目是它的招牌，汤鲜味美；杜伯圆仔汤的圆仔入口柔软弹滑；包仔福佳里肉圆的煎肉圆风味独特，这都是人气美食。不过这些小吃通常中午就收摊，想吃就要趁早。

6 因名匠剪黏备受瞩目
金唐殿

◉ 台南市佳里区建南里中山路 289 号
📞 (06)722-3392 🚗 "国道" 1 号麻豆交流道下，进入佳里市区后，延平路左转、新生路右转，至中山路口，在中山市场对面。

　　兴建于 1698 年，主神奉祀朱府、雷府及殷府千岁，至今已有 300 多年历史。该庙曾在 1853 年重修，请叶王做交趾陶，形成现在的规模。然而 1928 年日本侵占时期再次重建，却全部改为广东汕头名匠何金龙的剪黏，由于人物生动、花朵细致美丽，金唐殿也因此备受瞩目。

7 花艺造景缤纷艳丽
花前叶下

◉ 台南市佳里区民安里同安寮 1 之 12 号 📞 (06)723-5069 ◉ 欲参观者需事先电话预约 🚗 "国道" 1 号麻豆交流道下，往佳里方向行驶 176 县道，行驶约 10 分钟可达。

　　在佳里地区，竟然也有如田尾公路花园般美丽的花园！经营花草盆栽、庭园造景的花前叶下主人，本身拥有苗圃，店内花卉多达上百种，争奇斗艳，美不胜收。业者以其从事园艺工作多年的经验，将这里装饰得像私人豪宅内的花园，看到满园花海美景，让人心情也跟着愉悦了起来。

品味 淳朴古意风情

　　麻豆与官田是邻近台南市的两个小镇，沿着台19线仅短短不到一小时的车程。虽然地方不大，却有包含古意的建筑与糖厂再利用的艺文中心，还能拜访宝贵的生态园区，并享用醇酒与美食。想体验小镇风情，绝不能错过。

【麻豆・官田导览图】

DAY 1

1 14:30 麻豆代天府

2 15:30 南瀛总爷艺文中心

3 17:30 麻豆老街

4 18:30 助仔碗粿

5 19:00 乡村故事旅栈

DAY 2

Go 9:00 乡村故事旅栈

6 9:30 水雉生态教育园区

7 11:00 隆田酒厂

1 全台王爷总庙
麻豆代天府

📍 台南市麻豆区南势里关帝庙 60 号　📞 (06)572-2133
🚗 "国道" 1 号麻豆交流道下续接，176 号县道，沿路标可达。

　　麻豆代天府主奉李、吴、池、宋、范五位王爷，又称为五王庙。盛传麻豆代天府是五府千岁最早落脚的地方，清朝时因碍于此地灵秀，怕会出现不利清朝的人物，便将五府千岁强制迁出。现存的麻豆代天府为重新修建过的，内设有观音宝殿，并于正殿供奉五尊五府千岁。

2 新人拍摄婚纱照最爱之处
南瀛总爷艺文中心

📍 台南市麻豆区南势里总爷 5 号　📞 (06)571-8123　🌐 tyart.tnc.gov.tw　🕐 9:00~17:00，每周周一、周二休馆　🚗 "国道" 1 号下麻豆交流道，接中山路至兴中路往南，接 171 县道即可抵达。

　　南瀛总爷艺文中心是由总爷糖厂转变而来，糖厂成立于 1909 年，随着制糖业日趋没落，糖厂也因而成为历史。厂内停放着一辆黑色小火车头，为早期制糖时载运甘蔗用的五分车。总爷艺文中心指的是办公区，区内拥有参天老树与日式老建筑，还有整排的绿色隧道，景色十分优美。

3 华丽建筑重现历史轨迹
麻豆老街

📍台南市麻豆区中山路与兴中路两旁 🚗"国道"1号下
麻豆交流道下，沿176县道转171县道前行可达。

位于麻豆的中山路与兴中路两旁，有整排
巴洛克式的古典建筑，于1931年日本侵占时
期陆续建造，其墙面均以洗石子铺设而成，屋
顶则以繁复的线条与细致的浮雕为装饰，最突
出的一栋是写着"电姬戏院"四字、已停止营
业的两层独栋建筑。置身在这条街上，犹如时
光倒转，一切尽在不言中。

4 当地老字号美味
助仔碗粿

📍台南市麻豆区中正路29号（中央市场内）📞(06)572-0833 🕐6:00~12:30
💲碗粿25新台币 🚗"国道"1号下麻豆交流道下，沿176县道转171县道
即可抵达。

麻豆最老的碗粿店助仔碗粿，自
第四代接手迄今已超过百年，但老辈
的技术一直传承下来。只要请当地人介
绍麻豆小吃，大家一定都推荐老字号碗粿助。老板
每日天未亮即忙着准备工作，从磨米浆到食材的处理，
数十年如一日，而为了坚持品质，一天只大约供应500个碗
粿，重质不重量。

5 用巧思营造舒适角落
乡村故事旅栈

📍台南市官田区4-22号 📞(06)579-2838
🌐www.country-story.com 💲双人房3300新台
币起（平日订房另有优惠）🕐入住15:00，退房
11:00 🚗"国道"3号官田交流道下，接74-1号
省道转171号县道即可到达。

在这栋充满美式风情的木屋中，每
个角落都有着用心的巧思，包括庭园内
动物造型的小风车、屋内楼梯玄关处的
雅致字画、房内的造型蜡烛等，营造出
温馨的居家氛围。此外，民宿也提供利
用官田盛产的菱角做出的具有淳朴风味
的美食，像菱角粽、菱角鳕鱼等，都是
美味十足的家常菜。

6 认识湿地丰富生态
水雉生态教育园区

📍 台南市官田区裕隆路 📞 (06)579-2153/3911 🕐 周二至周日 9:00~17:00（每周一与每月25~31日休园），入园采用登记制，20人以上团体需一周前电话告知 💲 如需专人解说需于两周前完成预约，解说专员费用1200新台币 🌐 jacana.tw 🚗 "国道"3号官田系统交流道转接台84线，续接台1线、176县道右转南65乡道，经官田"国中"后直行再右转64乡道即可抵达。

　　有"凌波仙子"美誉的水雉，目前全球仅存2000余只，光台南就有1700余只，官田更是全台唯一建立水雉保育园区之地。在此除了有机会通过赏鸟墙，见到姿态优雅的水雉轻巧踩在菱角叶上穿梭觅食的芳踪，还能在开放空间认识各种水生植物、鸟、蛇、蛙类等，是难得近距离观察湿地之处。

7 拜访二锅头故乡
隆田酒厂

📍 台南市官田区隆本里中华路一段335号 📞 (06)579-1311-6 🕐 8:00~17:00 🌐 event.ttl-eshop.com.tw/lt/ 🚗 "国道"3号下官田交流道接台1线往嘉义方向，右转进入中华路按路标可达。

　　买高粱酒不一定要到金门，官田也是高粱酒大本营，公卖局将隆田酒厂规划为观光酒厂，主要生产玉山高粱酒系列，以玉山二锅头和清香高粱酒著称。进入飘着酒香的展示中心，即可见各色酒品陈列眼前，从高粱酒、龙凤酒，到二锅头应有尽有，此外还有酒冰棒、酒香沐浴乳等特色商品。

饮酒过量，有害健康

玉井・柳营・六甲

乐游 果园尝鲜味

玉井，又是杧果的故乡，每年从4月起一直到9月，不同品种的杧果轮番上市，数月都是热闹的杧果文化节，有吃又有玩，再串联附近的尖山埤江南度假村、居广陶学捏陶，成就一趟收获丰硕的深度乡土之旅！

【玉井・柳营・六甲导览图】

DAY 1

1. 13:00 绿色空间
2. 15:00 天埔社区
3. 17:00 北极殿
4. 17:30 斗六仔
5. 19:00 尖山埤江南度假村

DAY 2

Go 10:00 尖山埤江南度假村
6. 10:30 居广陶
7. 12:30 六甲妈祖庙锉冰

1 坐拥美景尝美食
绿色空间

📍 台南市玉井区沙田 25-66 号　📞 (06)574-7666
🕐 11:00~22:30　🌐 www.greenspace.tw　🚗 "国道" 3 号下官田快速道路抵玉井，接台 3 线至中正路 516 巷右转直往山上前行，即可抵达。

　　绿色空间是虎头山第一间景观餐厅，户外用餐区的屋顶设置空气对流层，屋顶热空气不会直接传下来，就算没有冷气，也可享受山中自然的清凉气息。餐厅招牌是各色杜果料理，不论是清凉沁心的杜果漂浮啤酒，还是肉卷裹情人果配杜果优格的杜果优格肉卷套餐，都令人食指大动。

2 丝瓜络的故乡
天埔社区

📍 台南市玉井区沙田里 33-3 号　📞 (06)574-9731　⏱ 限团体电话预约　💲 导览解说 1600 新台币　📧 tp5749731.blogspot.com
🚗 "国道" 3 号过官田接快速道路 84 号往玉井方向，下玉井交流道后接市区中山路直行，遇中正路右转接台 3 线往南化、甲仙方向，见天埔社区意象入口左转可达。

　　以丝瓜络产区知名的天埔社区，原本只是一处平凡淳朴的农村社区，却因当地居民对于环保意识有共同理念，发现社区内生长得极为茂盛的丝瓜可加以利用，便想出以干燥的丝瓜络创作各种产品，并从此开启了社区持续发展之路，而社区内也提供丝瓜美食。

3 古朴宗庙艺术之美
北极殿

📍 台南市玉井区中正路 102 号　📞 (06)574-3788　🌐 peigei.ho.net.tw　🚗 "国道" 1 号麻豆交流道下，往玉井交流道方向接东西向 84 线，至玉井小学左转，过玉井工商后右转即达。

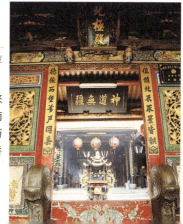

　　北极殿主祀玄天上帝，建于 1717 年，是玉井区最古老的庙宇。来这里，绝不能错过欣赏古庙的建筑艺术之美。三川殿门神彩绘是出自南台湾彩绘大师潘丽水之手；门前青斗石雕石鼓，距今已有 200 余年历史。每年帝爷公生辰最热闹，只要看看烟火熏黑的帝爷公神尊，便知香火有多盛了。

4 第一棵爱文杧果诞生地
斗六仔

📍台南市玉井区中正里 🚗"国道"3号过官田接快速道路84号往玉井方向，下玉井交流道后左转接市区中正路直行，见福德庙左转斗六仔产业道路可达。

　　玉井成为知名的杧果之乡，得归功于斗六仔。1963年，杧果教父郑罕池成功种植第一棵爱文杧果，至今玉井已拥有300多公顷杧果园。斗六仔杧果园虽多，但仅部分开放采摘，且时间主要在7月底、8月初。游客若错过这段时间，就只能等到明年，然而通过评鉴优良的杧果园仍可买到新鲜杧果。

5 跟猴子装鬼脸
尖山埤江南度假村

📍台南市柳营区旭山里60号 📞(06)623-3888 🕐入住15:00，退房12:00 💲双人房2000新台币起 🌐www.chiensan.com.tw 🚗"国道"3号下乌山头交流道，走165县道往尖山埤水库头方向行驶约15分钟可达。

　　度假村由台糖公司经营，位于尖山埤水库内，住宿环境幽雅，其中江南会馆更是名建筑师李祖源仿明朝官帽设计的中式建筑。住客可在水库园区内走走森林步道，或是搭乘游湖画舫欣赏水库丰富的景致，若乘船到湖心小岛，可看到三只豢养的猴子，表情与动作都非常逗趣，相当受欢迎。

6 DIY 独一无二星座砖雕
居广陶

台南市六甲区中华路 218 巷 2 号
(06)698-2992 仅假日开放
9:30~17:00，平日欢迎团体预
约 www.redtile.com.tw "国
道" 3 号乌山头交流道下，接 165 县
道直行，遇中华路左转可达。

　　居广陶所在的六甲地区为冲积
平原，拥有品质优良的陶土，自清朝以来就是知
名的砖瓦产地，最兴盛时，这里有多达数百处烧
窑座，但现仅存两三间窑厂，居广陶就是其中一
家。目前居广陶除了持续产造砖瓦，也提供教学
服务，介绍蛇窑的特点及砖瓦制造，教大家如何
动手制陶。

台南

玉井・柳营・六甲

7 加面茶粉的创意锉冰
六甲妈祖庙锉冰

台南市六甲区复兴街与仁爱街口妈祖庙前
0936-245-605 "国道" 3 号下乌山头交
流道，接 165 县道往六甲中正路直行，左转中
华路即可抵达。

　　六甲曾是兴建乌山头
水库日籍人员宿舍的所在
地，因此当地留有许多日
式建筑，也包括八田与一
的宿舍，但因年久失修已
颓圮，不过对游客来说，
品尝百年冰店的特殊锉冰
才是重点。位于妈祖庙旁
的这家老冰店，除了供应
甜滋滋的红豆、绿豆，冰
里还加了面茶粉，口感特
殊，创意十足。

后壁 · 盐水

漫步 淳朴小镇怀旧

以后壁乡的乌树林糖厂作为兜风旅程的起点，搭乘五分车怀旧，再转入荷兰井涌泉民宿，享受淳朴简单的快乐。隔天，进入盐水古镇，昔日的旧建筑、老房子与海港遗址等，都适合轻松散步、漫游玩赏，整天都可感受怀旧氛围。

【后壁 · 盐水导览图】

DAY 1

1. 14:30 乌树林休闲园区
2. 17:00 杨妈妈果子工坊
3. 18:00 荷兰井涌泉民宿

DAY 2

Go 10:30 荷兰井涌泉民宿
4. 11:00 岸内糖厂
5. 12:00 盐水八角楼
6. 13:00 月津港旧址
7. 14:00 桥南老街
8. 15:00 盐水豆签羹

融合教育、文化、休闲功能
1 乌树林休闲园区

📍 台南市后壁区乌树里 184 号 📞 (06)685-2681 🕐 8:30~18:00
(各馆略有不同,详情请到官网查询) 💲 五分车全票 100 新台
币,儿童与老人 70 新台币 🌐 www.wslin.com.tw 🚗 "国道" 1
号由水上或新营交流道下,接台 1 线,再接 172 县道即可抵达。

乌树林休闲园区前身是台糖糖厂。制糖产业
现已停歇。园区仍保有各时期的旧火车头及运糖
的铁路系统,它是全台五大铁道支线之一。来到
此地,最令人期待的就是搭乘早年运甘蔗的小火
车,来一趟五分车游园之旅,沿途有专人解说,
可认识铁路两旁的乡土植物,更带领乘客遥想当
年的运糖盛况。

讲求天然、手工
2 杨妈妈果子工坊

📍 台南市后壁区后壁里 99 号 📞 (06)687-1929
@ www.yangmama.com.tw 🕐 8:00~18:00
🚗 "国道" 3 号下白河交流道,台 172 甲线直
走可达后壁火车站,右转接近后壁陆桥的闪黄
灯再右转,即可抵达。

位于后壁当地的美食据点,所有
产品都必须秉持"天然食材、手工制
作"的原则。像这里的凤梨酥就采用
关庙顶级凤梨,加入纯麦芽糖,以
古老的方式熬煮制成金黄内馅;
外皮则又是以天然发酵的奶
油,搭配后壁米制成的营
养米麸,独家研发出健康酥
皮。就是这样的坚持,让游
客纷纷闻香而来。

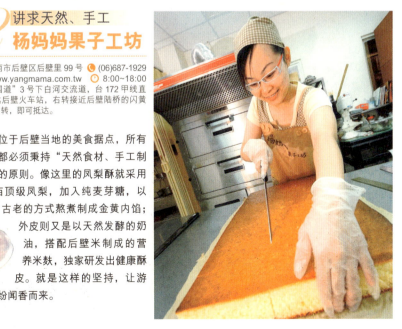

3 体验老宅农村生活
荷兰井涌泉民宿

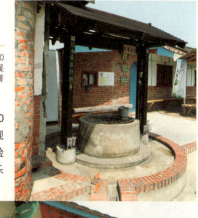

📍台南市后壁区菁寮里菁寮 129 号　📞(06)662-2705~6　🕐入住 14:00，退房 12:00
💲平日 600 新台币／人、假日 700 新台币／人（夏季一律 700 新台币／人），含早餐
🌐tw.myblog.yahoo.com/cnlceramists　🚗"国道" 3 号下白河交流道，沿路标往菁寮里方向约 20 分钟可达。

　　由无米乐菁寮庄社造规划文史工作室执行长黄永全，历经 100 个工作日，将黄家百年老宅修复改造为荷兰井涌泉民宿，忠实呈现早期菁寮的居住空间：老眠床、石轮仔、竹质摇篮，甚至还可体验早年贯穿菁寮村的轻轨列车。来到这里，仿佛时光倒流，为无米乐故乡提供最深度的旅游服务。

4 建筑物破败却犹存魅力
岸内糖厂

📍台南市盐水区岸内里新岸内 96 号　🚗"国道" 1 号下新营交流道，接 172 县道往盐水方向，右转南门路，再右转中正路后接中山路，左转文武路续行治水路，再转金和路，沿岸内小学路标前行即达。

　　1903 年，台南一名富商出资创建了现址的岸内糖厂，1907 年时日本人增资扩建，直到日本投降后才正式成为台糖公司的岸内糖厂。岸内糖厂曾为盐水人带来繁荣，不过随着制糖业式微，岸内糖厂也成为历史。现今留下的糖厂，建筑物多已残破，铁道也已废弃，但却吸引不少摄影爱好者，来此捕捉犹存的苍凉之美。

5 精雕细琢耐人寻味
盐水八角楼

📍台南市盐水区中山路 4 巷 1 号　🚗"国道" 1 号下新营交流道，接 172 县道往盐水方向，右转南门路再右转中正路，左转中山路即可抵达。

　　八角楼为盐水知名古建筑，由经营糖厂的叶连成商号于 1874 年建造。八角楼楼高两层，费时 10 年兴建完成，建筑体未用一根铁钉，全以木榫连接，从檐屋顶八角分执略为翘起是其重要的特色之一。虽然往日鲜艳的彩绘不复，但仍可从梁、门、窗棂等细节处，欣赏到建造的巧思细工。

6 月津港旧址
月津港旧址

台南市盐水区中正门与西门路口 "国道"1号下新营交流道，接172县道往盐水方向，沿路标可达。

盐水地区早年曾因随水势弯曲地形，而又有月津之称。南明永历中后期的月津港是一座海港，也是盐水地区经济活动的重要码头，贸易范围扩及台南一带，后因清代时港口河床淤塞，海港日趋缩小，又经日本侵略者在布袋筑堤，致使海水无法流动，便成为死港，使月津港以往盛况只能成为回忆。

7 保存昔日浓浓古意
桥南老街

台南市盐水区桥南街 (06)652-3199, (06)652-6375 桥南社区协会 "国道"1号新营交流道下，接172县道往盐水，至南门路右转康乐路，沿路标可达。

桥南老街原为清代盐水通往南部乡镇的交通要道，昔时商家及大户林立，相当热闹。经过时代变迁桥南老街逐渐没落，不过却留下当时住商混合的传统街屋。在主屋与街道间延伸一座单层的单坡向屋檐，古称亭仔脚，供遮阳避雨之用；老屋店铺正上方，也保留当时储存货物的矩形楼井。

台南

后壁・盐水

8 排队也要等待的美食
盐水豆签羹

台南市盐水区朝琴路16号 (06)652-8437 15:00~19:00 "国道"1号下新营交流道，接172县道往盐水方向，沿路标往朝琴路前行即可抵达。

盐水豆签羹是盐水的当红小吃，面条是米豆和鸭蛋制成，口感有别于盐水意面，配上虱目鱼汤，再佐以鲜蚵、丝瓜和虱目鱼肉，清香鲜美。还不到午后三点，摊位前已经在等着品尝好料的客人就很多了。只见老板拿着大瓢不停搅动锅内滚烫的汤头，从一天得煮五六大锅的豆签羹来看，就知道美味是值得等待的。

白河

游逛 莲乡洗泥浴

台南是最具历史感的古都，但除了古迹，白河莲乡的魅力也不容小觑。想要领略白河之美，在荷田中骑车游走是欣赏当地风光的最佳方式，另可体验养颜美容的泥浆浴、参与 DIY 捏陶，都能感受到白河特有的活力！

DAY 1

① 14:00 小南海・普陀寺

② 15:30 竹门绿色隧道

③ 18:00 岩顶咖啡桶仔鸡

④ 19:30 青雅泥浆温泉精品会馆

DAY 2

Go 8:30 青雅泥浆温泉精品会馆

⑤ 9:00 火王爷

⑥ 10:00 白荷陶坊

⑦ 12:00 汤泉美地温泉会馆

【白河导览图】

湖光水色景致优美动人
1 小南海·普陀寺

台南市白河区广安里 37-1 号　(06) 687-6947　"国道" 3 号白河交流道下，接 172、165 县道，转南 89、南 88 乡道，依指示牌前行可达。

　　小南海原本是由上茄苳埤与将军埤构成，又称永安水库，主要是作为防洪灌溉用的埤塘，远望碧波万顷，湖面波光粼粼，四周林木茂密，有许多鸟类都会来此栖息。由于普陀寺就位于湖畔，里面供奉观世音菩萨，所以又有小南海之称，而因两处景点紧邻，许多民众都会顺游。

骑车赏莲惬意上路
2 竹门绿色隧道

台南市白河区大德街 33 号（提供租自行车服务）　(06) 683-2058　8:00~18:00　"国道" 3 号下白河交流道接 172 县道，往西行见莲乡入口天桥右转进入白河市区直行，遇 7-11 右转中山路，直行遇三民路十字路口、左转行三民路经白河小学遇大德街可达。

　　白河莲美名远扬，每到莲花季，许多爱莲者必定准时报到。为了让游客能轻松欣赏到美丽的莲花，白河镇公所特地规划许多适合骑车的路线，包括从竹门小学到白河水库、竹门小学到竹门绿色隧道，还有竹门小学环绕莲潭里的风光。沿着自行车专用道，便可尽情游览莲乡风景了。

3 咖啡浓醇烤鸡飘香
岩顶咖啡桶仔鸡

台南市白河区关岭里 65 之 28 号 📞 (06)682-3339 🕐 周一至周四 10:00~22:00，周五、周六 10:00~24:00（供餐至 22:30） 💲 关子岭咖啡 120 元 🚗 经"国道"3 号下白河交流道，走 172 接 175 县道可达；或由统茂温泉会馆往上走，在前往水火同源的路上可达。

"岩顶咖啡"不仅咖啡飘香，招牌桶仔烤鸡更是风味绝佳。不同于一般桶仔鸡采用柴烧方式，这里采用全鸡现杀现烤，先以高温烘烤保持肉质鲜美，再薄涂酱油以低温烘烤，让鸡肉表面毛孔收缩结实、外皮金黄油亮。色香味俱全的好味道让"岩顶"总是客满，要尝美味可别忘了事先预约。

4 山林也有都市级旅馆
青雅泥浆温泉精品会馆

台南市白河区关岭里 11-12 号 📞 (06)682-2550 🌐 www.chinya.com.tw 🕐 入住 16:00，退房 11:00 💲 标准双人套房 2200 新台币起，水云阁等西式套房 4500 新台币起，另加 10% 服务费 🚗 "国道"3 号下白河交流道，沿路标前进 15~25 分钟可达。

青雅泥浆温泉精品会馆拥有日式和风的优雅建筑，大量采用原木与璞石建材，营造朴实天然的氛围。房间的宽敞空间、挑高的精致装潢，让住宿率与回客率一直居高不下。青雅泥浆温泉精品会馆曾在 2008 年重新翻修，并附设蒸汽室、冲击 SPA 及冷热浴池等设施，为的就是让客人拥有最好的住房品质以及顶级享受。

5 关子岭温泉的守护者
火王爷

台南市白河区关子岭风景区岭顶公园东侧天梯可通往 📞 (06)685-7455 🕐 24 小时开放 🚗 经"国道"3 号下白河交流道，循关子岭方向前进岭顶公园可达。

火王爷是来自日本九州的中央不动明王，原是唐时空海和尚自长安请回日本的，后成为密宗真言宗的护法神。1902年，日本人开发关子岭温泉，在火头上方立上不动明王祈求平安，进而集资盖庙。每年温泉业者会卜求炉主让温泉源源不绝，因而火王爷可以说就是关子岭温泉的守护者。

6 适合全家共游玩赏
白荷陶坊

📍 台南市白河区崎内里 5 邻 38 号　📞 (06)685-0339　🌐 www.wrstudio.idv.tw
🕐 10:00~20:00，每星期一休馆（团体预约例外）　🚗 "国道" 3 号下白河交流道往关子岭方向，左转南 93 竹门绿色隧道，右转南 90，续行约 10 分钟可达。

　　白荷陶坊由当地艺术家林文岳创立，原为个人工作室，后因当地举办莲花节，连带使陶坊成为社区美学教育的场所，也是白河莲花创作的发源地。林文岳擅长以关子岭的石灰及莲蓬灰烬作为釉药，烧出温润的白陶，形成鲜明的特色。此外，园区另有餐厅、工作室、民宿及 DIY 体验区等空间。

7 泡温泉享美食
汤泉美地温泉会馆

📍 台南市白河区关岭里 15 号（过红叶隧道左手边第一家）
📞 (06)682-2831　🕐 入住 16:30，退房 11:30　🚗 "国道" 3 号下白河交流道，过关子岭红叶隧道后可达。

　　除了提供温泉、住宿，汤泉美地最让人念念不忘的就是利用祖传三代秘方烹调而成的砂锅鱼头，它也是客人来此必点的招牌菜。好吃的秘诀是先以小虾米爆香，再放入香料、沙茶酱与扁鱼酥调味，精心挑选的大头鲢鱼头约 25~40 厘米大小，用料慷慨实在，适合 6~8 人一起享用。

嬉游 农乡悠闲情

想摆脱工作压力，就往南化走吧！这里有多元化的休闲公园，还有各种果园农场。入睡前，则用 SPA 三温暖，让紧绷的神经松弛下来。接着来到以梅著称的楠西，尝美食、饮美酒，感受农乡的悠闲写意。

DAY 1

1 13:00 源之旅休闲公园

2 15:00 玉山宝光圣堂

3 16:00 走马濑农场

4 18:30 山芙蓉度假大酒店

DAY 2

Go 9:30 山芙蓉度假大酒店

5 10:00 果农之家

6 11:00 太山梅仔鸡餐厅

7 12:30 文川古梅咖啡

【 楠西·南化·大内地图 】

军史主题的山水之旅
源之旅休闲公园

📍台南市南化区玉山里 139 号 📞 (06)577-2896 🚗 "国道" 3 号接 "国道" 8 号往新化方向，从 20 线到左镇转台 20 乙线至南化北寮，续行台 20 线即可到达。

　　占地辽阔的源之旅位于南化水库大坝下方，为民初焦吧哖古战场所在地，园方特别申请，将各式报废的武器及其相关零件移驻在此，设立为武器展示的军史公园，加上生态绿化，夜里随处可见萤火虫群聚飞舞，是兼具人文、保育与戏水等多元主题的休闲园区。

台南

楠西·南化·大内

95

2 宗庙建筑的磅礴之美
玉山宝光圣堂

📍 台南市南化区玉山里 17-1 号 📞 (06)577-2229 🕐 6:00~18:00 🌐 www.holyglorytemple.org.tw "国道" 3 号接 "国道" 8 号往新化方向，从 20 线到左镇转台 20 乙线至南化北寮，续行台 20 线，在 45 公里处即达。

玉山宝光圣堂位于台南市南化区，为宝光玉山道务中心。起源于 1973 年周姓信徒献地大约 3 公顷，1976 年完成启用。其名字源自大陆传道宝光组线，地名为玉山村，所以取名"玉山宝光"。在 1997 年 3 月被选为"新南瀛八景十胜"之一。宝光圣堂入口可看到 500 多年的茄苳神木和香客大楼，最著名应算是九龙壁浮雕。

3 老牌休闲农业游乐园
走马濑农场

📍 台南市大内区二溪里唭子瓦 61 号 📞 (06)576-0121-3 🕐 24 小时开放；游憩设施时间平日 9:00~17:00，假日 8:00~17:00 💲 成人 250 新台币、优惠票 200 新台币 (不含游憩) 🌐 www.farm.com.tw 🚗 由 "国道" 3 号官田系统交流道下，沿台 84 线往玉井方向，于 38 公里处右转直行即可抵达。

走马濑农场是台湾老字号的休闲农业主题游乐园，面积达 120 公顷，场区西侧为近 80 公顷的盘固拉草原，如茵绿地中可瞥见一些牛在此闲逛吃草。农场内设有森林步道、滑草场、高尔夫球场、露营烤肉区、苗圃植栽、蜜蜂生态区等，可提供多种娱乐方式。

4 静谧山林度假城堡
山芙蓉度假大酒店

📍 台南市楠西区密枝里密枝 102-5 号 📞 (06)575-3333 🌐 www.hchibiscus.com.tw 🕐 入住 15:00，退房 12:00 💲 4800 新台币起，另加 10% 服务费 🚗 "国道" 3 号接 84 号快速道路，行驶至尽头，抵达玉井，再接台 3 省道，在楠西附近接 174 县道即达。

山芙蓉度假大酒店位于曾文水库风景区内，外观为白墙红瓦的西班牙式建筑。每间房内皆有独立阳台，可将曾文溪山林美景尽收眼底。游泳池则是坐落于椰林中，泳客可仰望山景戏水，悠游其间。当然，这里的佳肴也不容错过，无论是品尝当地风味餐，还是悠闲地喝杯咖啡，都很惬意。

5 水果与菜肴完美结合
果农之家

台南市楠西区密枝里 6 号 (06)575-0035 11:00~19:00（假日至 19:30，周四店休）www.gogo99.com.tw "国道" 3 号接 84 号快速道路，行驶至尽头，抵达玉井，再接台 3 线省道，行至 362 公里处即到。

楠西区 80% 的居民务农，农产品又以水果为大宗，杨桃、梅子、龙眼、荔枝、杧果等，应有尽有，赢得台南县"水果之乡"的美名。果农之家就是利用当地水果的优势，将水果入菜，创作出一道道可口的水果餐，而且肉类、蔬菜和水果的味道不但不冲突，还有股淡淡的清香，颇具开胃功效。

6 另类赏梅好去处
太山梅仔鸡餐厅

台南市楠西区湾丘村梅岭 4 号 (06)575-1931 www.taisan.tw "国道" 1 号下麻豆交流道，往官田方向，直走东西向快速道路，至玉南公路左转，至楠西交叉口右转，沿梅岭路标往前即达。

太山梅仔鸡餐厅已有 20 多年历史，可说是当地梅子料理的创始店。鲜嫩的鸡肉吃来酸甜有味，每逢假日总引来人潮。后方庭园有数公顷的梅树林，当腊尽冬残之际，梅花盛开犹如一片雪海；一旁还有亲子游戏区及赏梅步道，要让游客们不只品尝梅子大餐，还能欣赏梅花，在味觉和视觉上得到满足！

7 创意饮料广受好评
文川古梅咖啡

台南市楠西区湾丘里梅岭 29-2 号 （06）575-5989、0935-077-683 8:00~19:00 无论南下或北上，先抵达玉井，从玉井左转接 3 号省道，到楠西之前右转南 188 乡道，约 20 分钟可达梅岭风景区两层坪停车场，由此步行即达。

文川古梅咖啡位于海拔 700 米处，原本是梅子园区，每当梅园里群花绽放、花海缤纷的美景，教人舍不得移开视线。此地最大的特色，就是在宽广的梅园里摆放红色醒目的露天咖啡座，让来客能边喝咖啡、边赏梅。以梅汁梅果入酒或调制咖啡，是老板的创意构思，爽口的滋味颇受好评。

高雄 山海汇聚的风尚港都

追寻 迷人城市水岸

来高雄观光的最佳主角，非爱河莫属。这条蜿蜒流过高雄盐埕、前金、前镇等地区的河流，虽然曾经沉寂过，但在整治后，沿河的古迹建筑物、废弃空间重新焕发活力，再加上周边绿色美化造景，都为沿岸景点带来繁荣与生机。

【 盐埕·前金·前镇导览图 】

DAY 1

1. 14:00 驳二艺术特区
2. 16:30 高雄市立历史博物馆
3. 18:00 上海弄堂
4. 19:00 真爱码头
5. 20:00 高雄国宾大饭店

DAY 2

Go 9:00 高雄国宾大饭店
6. 9:30 中央公园
7. 11:00 梦时代购物中心
8. 12:30 川蜀鱼头

1 后现代艺术殿堂
驳二艺术特区

🔵 高雄市盐埕区大勇路 1 号　📞 (07)521-4899　🌐 pier-2.khcc.gov.tw/content　🕐 周二至周四 10:00~18:00，周五至周日 10:00~20:00，周一公休　"国道"1 号下中正交流道，沿中正路至凯旋路口转五福路直行，过五福桥至大勇路左转到底即可抵达。

　　"驳二"意指第二号接驳码头，位于盐埕观光码头旁，原为让往来的散装货船可载卸货物的仓库，闲置已久，经重新规划后，连接台糖老仓库，打造成极具后现代风格的艺术殿堂，不同形态的艺术工作团队纷纷进驻，不仅在这里举办充满原创性的艺术展览，还会不定期举办各种文艺表演。

2 留存战史弥足珍贵
高雄市立历史博物馆

🔵 高雄市盐埕区中正四路 272 号　📞 (07)531-2560　🕐 周二至周五 9:00~17:00，周六、周日 9:00~21:00（周一休馆）　🌐 khm.gov.tw/home01.aspx?ID=1　"国道"1 号中正交流道下，顺中正一路至四路前行，过爱河即达。

　　高雄市立历史博物馆建于 1938 年，采用日本的兴亚帝冠式建筑，加上日本神社式屋顶，颇具特色。外观以浅绿为基调，用意在于免遭敌机轰炸。直到 1992 年，它都是高雄市政府所在地，因其特殊的历史意义，已列为市级古迹。馆内的收藏与展示主题，皆以呈现南部发展轨迹及先民生活史为主。

3 上海弄堂
满萦上海复古情调

⊙ 高雄市盐埕区五福四路 117 号　📞 (07)968-9158　⊙ 周一至周五 11:00~14:00、17:30~次日 2:00，周六至周日 11:00~ 次日 2:00　💲 最低消费 100 新台币　🌐 www.amy.com.tw/Chinese/index.php　🚗 "国道" 1 号下中正交流道，沿中正路至凯旋路口接五福路，循址可达。

　　"弄堂" 指的是小巷。弄堂里，主妇淘米洗菜，男人倚门看报，老人喝茶、小孩嬉戏，所有情景重现在上海弄堂是店主的期盼，于是餐厅的整体装潢，从一幅幅老上海照片到复古家具摆饰，呈现原汁原味的上海风。不过菜肴口味以台式、客家为主，风味绝佳。

4 真爱码头
漫步观海休闲水岸

⊙ 高雄市盐埕区公园二路 11 号　📞 (07)216-0668（高雄市轮船公司）　🌐 kcs.kcg.gov.tw/new_kcb/time-fare.php　🚗 "国道" 1 号下中正交流道，沿中正路至凯旋路口接五福路，至五福路桥旁转公园二路可达。

　　位于爱河出海口的真爱码头，从 12 号货柜码头变身成高雄最重要的观光码头，雪白的双风帆造型，结合花卉艺术设计，呼应着港都风情。如今有观光游轮往返旗津渔港，沿途还可欣赏高楼耸立的城市风光，以及港湾水岸景致，入夜后的灯光更加美丽耀眼，是深受欢迎的观景选择。

5 高雄国宾大饭店
尊荣礼遇 宾至如归

⊙ 高雄市前金区民生二路 202 号　📞 (07)211-5211　⊙ 入住 15:00，退房 12:00　💲 单人房 6000 新台币起，双人房 7000 新台币起，家庭房 9500 新台币起（以上房价需另加 10% 服务费）　🌐 www.ambassadorhotel.com.tw/KS/ambassador_kaohsiung.htm　🚗 由 "国道" 1 号下中正交流道，直走至中正四路，左转河东路再左转民生路即可到达。

　　高雄国宾大饭店面向爱河与港口，拥有爱河河畔中最佳的视野景观位置，尤其是 L 形的建筑形状，可让房客选择河景或港景的房间；而与民生二路的绿园道交叉，让饭店犹如置身热带风情的度假胜地。多达 453 间客房与完善贴心的客房设备，提供专属尊荣享受，时时都吸引游客来到高雄时投宿于此。

6 高雄"都市之肺"
中央公园

🚇 高雄市中山一路、五福二路、民生三路交会处 🚗"国道"1号下中正交流道，沿中正路至凯旋路口接五福路，沿路标可达。

这座庞大的"都市之肺"，占地12公顷，位于高雄市中心精华地段，经高雄市政府重新整建，规划两条主要轴线，东西轴线由捷运R9车站出入口，穿越生态景观池，通往中华路；南北轴线由民生圆环通过城市光廊，园内铺设有穿梭园区的小步道，还有植物构成的绿色迷宫，相当有趣！

7 创造美梦的购物天堂
梦时代购物中心

🚇 高雄市前镇区中华五路789号 📞(07)973-3888 🕐 周一至周四11:00~22:00，周五11:00~22:30，周六及假日10:30~22:30，周日10:30~22:00 🌐 www.dream-mall.com.tw 🚗"国道"1号中山交流道出口右转中山四路，上经凯旋路桥，于205兵工厂前左转入时代大道可达。

耗资185亿新台币打造的梦时代购物中心，内部共拥有超过800家厂商及1000个知名品牌，此外，顶楼高102.5米的摩天轮，是全台唯一可欣赏海景的Hello Kitty摩天轮，吸引不少大小朋友专程前来搭乘。这座集购物娱乐、休闲餐饮、建筑美学与文化艺术品位于一体的潮流场所，更是创造欢乐与感动的购物天堂。

8 四川成都原汁原味
川蜀鱼头

🚇 高雄市前镇区中山二路221号 📞(07)335-9888 🕐 周一至周四11:30~15:00，17:30~22:00；周五至周日11:30~15:00，17:30~23:00 🌐 www.tanyoto-taiwan.com/about.htm 🚗"国道"1号中山交流道出口右转中山四路，续接往中山二路即可抵达。

店内火锅汤底大有来头，是老板特地前往成都原店取经学来的，相当讲究。麻辣锅以四川特有的药材及香料为底，加入20余种食材精心炒制而成，色鲜味醇，辣香不燥。店里一定要点的招牌配料为花鲢鱼，头大、刺少、肉细，美味又富含胶原蛋白；还有各种手工丸子，真材实料，味道极佳。

沉醉 悠闲海洋风

来到位于鼓山区的西子湾，不只可看到著名的夕照美景，更可登高瞭望壮丽海景；而由早期建筑改装而成的餐馆，呈现出新旧融合的独特氛围，值得体验。一海之隔的旗津，则有天后宫与灯塔古迹，鲜美的海产更不容错过！

【鼓山·旗津导览图】

DAY 1

1 14:30 打狗英国领事馆

2 17:00 中山大学·城垛情人座

3 19:00 帕莎蒂娜意大利屋

4 20:00 伊甸风情精品旅店

DAY 2

Go 9:00 伊甸风情精品旅店

5 10:50 旗津天后宫

6 11:30 旗后灯塔

7 12:30 旗后活海产

8 13:30 旗津海岸公园

1 台湾现存最古老洋楼
打狗英国领事馆

打狗英国领事馆是建于 1864 至 1866 年间的前英国领事馆，是台湾现存西式建筑中年代最古老的洋楼，为二级古迹。这座外国人建造的第一座领事馆由红砖砌成，环绕着拱形廊道，阳光透过拱圈投射至回廊门槛时，感觉舒适且怀旧。此馆后来整修成艺术空间，目前委托民间经营，成为充满人文气息的咖啡馆。

🔵 高雄市鼓山区莲海路 20 号　📞 (07)525-0007
🕐 9:00~24:00（每月第三个周二店休）　🚌 "国道" 1 号下中正交流道后右转中正路到底（中正四路），右转接五福四路到底，再左转鼓山一路，经临海二路、哨船街到底，至西子湾停车场，沿着观海楼梯往上步约 7 分钟即可到达。

2 全台湾第一滨海学府
中山大学·城垛情人座

🔵 高雄市鼓山区莲海路 70 号　📞 (07)525-2000　🌐 www.nsysu.edu.tw　🚌 "国道" 1 号下中正路交流道，沿中正路接五福路直行到底左转鼓山路，接着右转临海二路直行到底，再左转哨船街后直行即可到达。

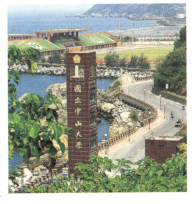

20 世纪 80 年代时中山大学在此复校，其间点点绿意夹着红瓦校舍蔓延山际，为西子湾自然风光平添几许文化气息。中山大学是台湾唯一的滨海大学，校门前的西子湾防波堤，成为欣赏著名西子夕照的最佳据点。每到黄昏时分，常可见情侣们在长长的城垛式防波堤上互相依偎的情景。

3 异国风情十足
帕莎蒂娜意大利屋

高雄市鼓山区青海路 167 号 (07)553-0899 12:00~22:30 it.pasadena.com.tw
"国道" 1 号下中正路交流道，沿中正路接五福路直行到底左转鼓山路直行，再接青海路即达。

位于高雄市美术馆园区的帕莎蒂娜意大利屋，整栋以棕色原木为主色调，洋溢休闲自然风。二楼用餐区不但空间宽敞，装潢布置也很有质感。菜色方面，融入法式精致烹饪枝术，并结合意式重视新鲜食材、直接原味的烹饪精神，意式开胃小品、面食、比萨、炖饭，这里统统都吃得到。

4 风情万种的梦幻空间
伊甸风情精品旅店

高雄市鼓山区裕诚路 1685 号（明诚路口） (07)974-0888
住宿计费方式以 12 小时为一计费时段；休息计费依需求以 3 小时或 2 小时为一计费时段 www.eden-motel.com.tw
"国道" 1 号下中正路交流道，沿中正路接五福路，接明诚路即可抵达。

一进门，伊甸风情浪漫氛围就袭身而来，以自然、世界、时尚及梦幻四大主题，设计出 46 间风格迥异的客房，让房客如环游世界般，处处充满惊喜。在偌大的空间里，可以尽情使用店方提供的各种设施。此外，为确保房客安全，床边还有紧急按钮。种种设计都让客人感到备受尊宠。

5 雕工以精致著称
旗津天后宫

高雄市旗津区庙前路 93 号 (07)571-2115
www.chijinmazu.org.tw "国道" 1 号下中山交流道，接渔港北路，遇新生路左转直走有路标指示，往过港隧道后行驶旗津二、三路即抵旗津，再循标可达。

旗津天后宫建于 1673 年，为高雄市首座妈祖庙，据传妈祖相当灵验，因此香火鼎盛，不少游客来到天后宫，都会上炷香祈求庇佑。庙内石雕造型及刻工十分细腻，保留古朴样貌的闽南式建筑，庙堂上还有一座清光绪年间所制的古铜钟，目前已列为三级古迹。

6 海夜中的神佑之光
旗后灯塔

○ 高雄市旗津区旗下巷 34 号 ○ (07)571-5021 ○ 周二至周日
9:00~16:00，周一公休 ○ "国道" 1 号下中山交流道，接渔港北
路，遇新生路左转直走有路标指示，往过港隧道后行驶旗津二、三
路即抵旗津，再沿路标可达。

　　旗后灯塔位于旗津山顶，建于清光绪九年
（1883），为本岛第二座灯塔。该塔原为砖造的方形塔，
1918 年经日本人整修，塔身改为八角形白色建筑，草
坪上尚有一座日晷。灯塔早期是南方海域夜间重要照明
设备，目前核定为三级古迹，由此登高望远，可尽览柴
山、西子湾及第一港口船只进出的繁忙盛况。

7 超新鲜生猛渔货
旗后活海产

○ 高雄市旗津区庙前路 31 号 ○ (07)571-5808
○ 10:30~21:00 ○ "国道" 1 号下中山交流道，
接渔港北路，遇新生路左转直走有路标指示，
往过港隧道后行驶旗津二、三路即到旗津。

　　旗后活海产是位于海产街上的老
字号，现已传承至第三代的旗后活海
产，早期都是自家人出海捕捞，供应新
鲜渔货，如今则与当地船家配合。当日
捕获的生猛海鲜品质绝对新鲜。店里没
有制式菜单，现点现做，来客可指定烧
烤、快炒、清蒸、氽烫等做法，各式海
产都能保有原味，吃出鲜甜美味。

8 海天一色美景
旗津海岸公园

○ 高雄市旗津区旗津三路 990 号 ○ (07) 571-8920 ○ "国道" 1 号下中山交流道，
接渔港北路，遇新生路左转直走有路标指示，往过港隧道后行驶旗津二、三路即抵
旗津，再沿路标可达。

　　兴建于 1993 年、占地 45 公顷的旗津海岸公园，设计以海洋
水文景观为主，亲海步道贯穿而过，绵延 3.5 公里。园内规划有海
水浴场、观海景观步道、越野区、自然生态区，还有一观海平台，
在此可见识到海浪巨大的冲击力量。建筑主体采用白与蓝色调，让
公园景观与旗津当地特色融为一体。

聆听 光阴的故事

台湾的悠久历史，孕育了许多珍贵的文化资产。走访了冈山、桥头，再到左营，让人感到庆幸的是，无论是已经式微的皮影戏、没落的糖厂文化，还是逐渐消失的眷村生活，这些光阴故事不但不曾被遗忘，反而依然被传颂着。

DAY 1

- ❶ 14:30 皮影戏馆
- ❷ 16:00 桥头糖厂
- ❸ 17:30 桥头老街
- ❹ 18:30 瑞丰夜市
- ❺ 20:00 莲潭国际会馆

DAY 2

- Go 9:00 莲潭国际会馆
- ❻ 9:30 原生植物园
- ❼ 11:00 眷村文化馆
- ❽ 12:00 刘家酸白菜锅

【冈山·桥头·左营导览图】

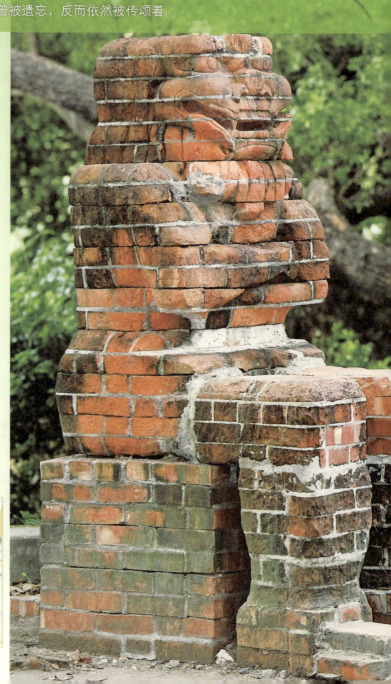

1 展现皮影戏艺术之美
皮影戏馆

○ 高雄市冈山区冈山南路 42 号 📞 (07)626-2620 ○ 周二 13:30~17:00、周三至周日 9:00~17:00 @ 163.29.243.14/shadowtheater2/home.asp
🚗 "国道" 1 号下冈山交流道，沿县道 186 西行，至冈山南路交叉口左转即达。

　　冈山为台湾皮影戏发祥地，因此当初文化局在设置展览馆时，便以皮影戏为主题，通过各种模型、实物及图片文字深入介绍皮影戏身后的故事，诸如戏台上影偶放置的学问、皮影戏起源与特色，以及台湾皮影戏的发展等；还有让人亲身体验的实作区。不过剧场的演出，更让人感兴趣。

2 全台首座百年糖厂
桥头糖厂

○ 高雄市桥头区糖厂路 24 号 📞 (07)611-3691 @ www.tscleisure.com.tw/museum/ ○ 9:00~17:00 💲 解说服务 1500 新台币 🚗 "国道" 1 号冈山交流道冈山端下，接 186 县道左转 1 号省道往桥头，见小巷般的糖厂路左转可达。

　　桥头糖厂是台湾第一座由人力制糖进入现代化机械制糖的糖厂，具有重要的象征意义。但随着糖业日趋没落，台糖公司遂决定于桥头糖厂成立台湾糖业博物馆。游客到此除了不可错过各式特色冰品，还有行政区糖业博物馆与巴洛克式办公室，以及早期运送甘蔗的五分车，都是必游重点。

3 新旧交融古典街道
桥头老街

 桥头车站与捷运桥头糖厂站中间 🚗 "国道" 1 号冈山交流道冈山端下，接 186 县道右转 1 号省道往桥头，见宏仁医院后左转抵桥头火车站，再右转沿站前街前行接桥南路可达。

　　桥南路即是桥头老街，街道以凤桥宫为中心。老街建筑各历经不同朝代，像庙旁的戴厝就经历过清朝、日本侵占时期、民国时期，建筑形式颇具特色；还有近 200 年历史的林家宗祠、余登发故居，以及老街仅存的打铁店、日本侵占时期出售和服的吴服老厝等。东西方建筑融汇，形成洋溢多元风情的街区。

4 高雄人最爱夜市
瑞丰夜市

🚉 高雄市左营区裕诚路和南屏路 🕐 18:00~ 次日 1:00，每周一、周三休市 🚗 "国道" 1 号接鼎金系统交流道往左营端，接大中二路遇博爱三路左转直行，见裕诚路右转可达。

　　瑞丰夜市是高雄当地人最爱逛的夜市，邻近捷运巨蛋站，交通便捷。大约 3000 平方米的范围以长条状划分摊位区，各种小吃、服饰、饰品、游戏摊、按摩等店家应有尽有。每至傍晚，人声鼎沸，其中又以各式小吃摊最吸引消费者，如火锅、黄金鱼蛋、东山鸭头、水煎包、炸鸡排等，都堪称人气摊位。

5 五星住宿山水丽景
莲潭国际会馆

🚉 高雄市左营区崇德路 801 号 📞 (07)341-3333 🕐 入住 15:00，退房 12:00 💲 单床房 5000 新台币起，双床房 5400 新台币起（另加 10%服务费） 🌐 www.gardenvilla.com.tw 🚗 "国道" 1 号接鼎金系统交流道往左营端，接大中二路遇博爱三路左转，再右转崇德路可达。

　　莲潭国际会馆是莲池潭附近的高级会馆，白色建筑外观与透亮玻璃墙十分大气。位于三铁共构的莲池潭畔，交通便利，四周植物园、湿地、山陵等占地广阔。饭店内半数房间均面对莲池潭畔，住房空间简约明亮，采用环保设计；此外，馆内亦提供餐饮服务，以及健身房、户外游泳池与会议中心等设施。

6 认识原生植物的好去处
原生植物园

◉ 高雄市左营区纵贯铁路旁　📞 (07)349-7538　🕐 解说中心周一至周五 8:00~12:00、13:00~17:30　🌐 pwbmo.kcg.gov.tw/NaturePark/about/train.htm　🚗 "国道" 1 号下鼎金系统交流道，接 "国道" 10 号往左营方向前行，至大中一路即可到达。

　　原生植物园占地 4.66 公顷，是台湾首座以台湾原生植物为主题的绿化公园。全园分为教学与民俗植物区、海岸林区、混合密林区及生态池等。各区设有步道相连，沿途并立有解说牌。生态池及人造溪流允许游客下水，是炎夏避暑的好去处；另有解说教育中心，有助于认识台湾原生植物。

7 重现台湾社会历史画面
眷村文化馆

◉ 高雄市左营区龟山巷 157-2 号　📞 (07) 588-2775　🕐 周二至周日 9:00~17:00（周一及假日休馆）　🌐 sub.khcc.gov.tw/village/index.htm　🚗 "国道" 1 号接左营端快速道路到底，翠华路直行后右转胜利路，约 500 米到达胜利路上海光停车场，绕至停车场后方即达。

　　原本的眷村文化馆为一整片老旧房舍，经全部拆除后，以全新风貌展示过去那个年代的生活与故事。眷村文化馆为两层楼式的清水模建筑，一楼展示各式 20 世纪 50~60 年代的古老文物，不只模拟当时办公室陈设，甚至还有迫击炮和弹药箱。二楼则规划出阅览区和视听区，于周末定期播放影片。

8 地道外省好味道
刘家酸白菜锅

◉ 高雄市左营区介寿路 9 号（中正堂旁）　📞 (07) 581-6633　🕐 11:00~23:00　🚗 台 1 线下左营交流道，接大中路至翠华路，续行左营大路至介寿路走到底右转即达。

　　刘家酸白菜火锅是从一个眷村里卖水饺的小铺起家，至今已有 50 年历史，历久不衰的关键在于独门自制的酸白菜久煮不烂，且汤头愈煮愈清澈，酸而不呛，让客人一吃上瘾，就算大热天也挡不住想品尝的念头。除了酸白锅，水饺、葱油饼、卷饼也都深受欢迎，难怪食客一年四季络绎不绝。

探访 多元城市面貌

高雄地区除了爱河与林立的高楼大厦之外，还拥有其他众多景观。在鼓山区与盐埕区一带，既可以参观林相丰富的自然公园、充满艺术气息的美术馆，还可与动物做朋友或深入秘境到海洋天堂，充分感受多元的城市风貌。

DAY 1

1 14:00 柴山自然公园

2 16:00 高雄市立美术馆

3 18:00 Mamamia 餐厅

4 19:30 京城大饭店

DAY 2

Go 9:00 京城大饭店

5 9:30 寿山动物园

6 11:00 书包大王

7 11:40 打狗铁道故事馆

8 16:00 Escape 41 海洋天堂

【鼓山·盐埕导览图】

绿色运动的启蒙地
1 柴山自然公园

🔘 高雄市鼓山区万寿路 350 号　📞 (07)533-7095　⊙ "国道" 1 号中正路交流道下，循中正路往西子湾、柴山方向按路标可达。

　　柴山具备完整的天然林相与特殊石灰岩景观，早期属于军事保护区，因此意外地将此片山林生态完整保存下来。近年军管逐渐解除，除了台湾猕猴因游客不当喂食而无法无天外，园区内虽未设置垃圾桶，却不见满地垃圾，可看出市民对这座山林的用心维护，此地也因此成为民众重要的休憩地。

展品丰富，寓教于乐
2 高雄市立美术馆

🔘 高雄市鼓山区美术馆路 80 号　📞 (07)555-0331
⊙ 9:30~17:30（周一、除夕休馆）　🌐 www.kmfa.gov.tw　⊙ "国道" 1 号接 "国道" 10 号往左营方向到底，沿路标下翠华路直走，续接中华一路至美术馆路，即可抵达。

　　高雄市立美术馆是台湾第三座公立美术馆，除了定期举办提供导览服务的展览，馆内还典藏许多艺术影音图书资料，并允许年满 12 岁的市民借阅。因此高雄市立美术馆，不仅推荐台湾内外重要艺术风潮、作品、艺术家让市民认识，同时扮演提供艺术教育的重要角色。

意式料理天堂
3 Mamamia 餐厅

🔘 高雄市鼓山区龙德路 417 号 2 楼　📞 (07)522-7300
⊙ 11:00~14:00、17:30~24:00（周六、周日 11:00~24:00）
🌐 www.amy.com.tw/muddy_mamia　⊙ "国道" 1 号至鼎金系统交流道下，转大中路至翠华路，沿翠华路往市区方向至中华路，转明诚路直走，遇龙德路右转即可抵达。

　　高雄市颇具盛名的 Mamamia 餐厅，在搬离中正路原址后，于 2006 年年底在农十六新都心另起炉灶。餐厅外观犹如一座城堡，十分引人注目，餐厅最拿手的是意大利菜，主厨特别选用多款进口乳酪增加食物风味，再以香醇的意大利陈年醋以及清新的橄榄油调味，带给来客惊喜的味觉奇遇。

4 位居交通枢纽，中型饭店里的模范
京城大饭店

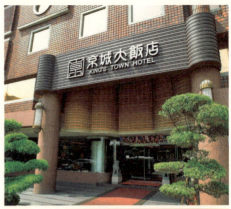

高雄市三民区九如二路 362 号　(07) 311-9906　入住 14:00（平日 12:00），退房 12:00　www.kingstown-hotel.com.tw　商务单人套房 2400 新台币、豪华单人套房 2800 新台币、商务双人套房 2800 新台币、家庭四人房 4000 新台币；以上房型均需加 10% 服务费，房价若有变动，恕不另行通知　"国道" 1 号中山高速公路高雄九如交流道下，右转九如路后直行往火车站方向即可抵达。

　　京城大饭店坐落于高雄火车站后站出口正对面，是京城集团投资经营最专业化的观光商务型饭店。已在当地经营几十年，楼层为地上十二层、地下一层的规划，各式豪华客房共 150 间，所有硬件设备和服务品质，均以追求最高的客户满意度为目标，以达到专业化商务型饭店的标准。除了原有面对高雄火车站的地理优势外，近年受惠于北高雄迅速发展，汉神巨蛋、高铁新光三越陆续开幕，以及高雄最大市集瑞丰夜市、安宁街成衣批发等景点形成，加上高速铁路和高雄捷运通车三铁共构，其枢纽地带与南来北往的便利性，使京城大饭店在观光商务旅游界的地位极速上升。近年来，更吸引了日、韩及东南亚各国旅客。若您非常重视住宿品质，此处绝对是您最佳的选择。

5 适合全家共游的去处
寿山动物园

🔵 高雄市鼓山区万寿路 350 号 📞 (07)521-5187 🕐 9:00~17:00 (16:30 停止售票)，周一及除夕休园，若周一适逢假日则照常开放。💲 全票 40 新台币，半票 20 新台币 🌐 zoo.kcg.gov.tw 🚗 "国道" 1 号中正路交流道下，接中正四路经大公路、鼓山一路，至寿山公园入口后沿万寿路前行即可抵达。

寿山动物园位于自然公园内，是繁荣高雄市一处闹中取静的自然胜地。动物园全区的步行走道皆干净平坦，可舒适地边走边看，不只小朋友不觉得疲劳，大人也能在林木成荫下悠闲散步，十分惬意。园内还设有解说教育中心，包括图说区、标本区及视听区等，让大家能更好地了解动物。

7 旧高雄港站变身
打狗铁道故事馆

🔵 高雄市鼓山区鼓山一路 32 号 📞 (07)531-6209 🕐 周二至周日 11:00~18:00（周一休馆）🌐 takao.railway.tw 🚗 "国道" 1 号中正路交流道下，沿中正路接五福路直行到底，左转鼓山路即可抵达。

打狗铁道故事馆即原来的台铁高雄港站，纵贯线通车后的第一代打狗火车站，后来高雄火车站迁至现址，才转为运输高雄港物资的货运车站。2008 年高雄港线停驶废线，为保留台湾铁道史料，而将这座百年老车站保存下来。为打造真实的铁道氛围，站体无大变动，除了开放月台供参观，原古董家具也重新整修。

6 怀旧实用的帆布书包
书包大王

🔵 高雄市盐埕区大仁路 33 号 📞 (07)531-2542 🕐 周一至周六 11:00~21:30，周日 12:00~21:30 🌐 www.wretch.cc/blog/kingbag 🚗 "国道" 1 号中正路交流道下，接中正四路经大公路，接大勇路直走，遇到大仁路右转即可抵达。

在高雄赫赫有名的书包大王，多年来以素面书包红遍全台，精选质轻、防水性佳的帆布，制成底部宽、容量大、造型方正的书包，由于车缝结实、经久耐用，深得喜爱，教不少五、六年级学生回味起年少轻狂的日子。而目前店内的帆布书包除了一般常见的尺寸，也有缩小版的书包可供选择。

8 海洋天堂欧风餐馆
Escape 41 海洋天堂

🔵 高雄市鼓山区柴山大路 41-2 号 📞 (07)525-0058 🕐 周日至周三 12:00~23:00，周五至周六 12:00~24:00，每周四公休 💲 特制比萨 380 新台币起、司康烤饼 200 新台币 🌐 tw.myblog.yahoo.com/escape-41 🚗 从中山大学西子湾入口进入往柴山方向前行，10~15 分钟后见左边路标续行数分钟即可抵达。

Escape 41 欧风餐厅，别名"海洋天堂"的原因在于，它依偎在一处遗世独立、拥有海天一色美景的海湾里，是一处连当地人都不一定知道的世外桃源。餐厅经营者是位澳大利亚人，却说着一口流利的中文，由于对比萨烹调颇有心得，并使之成为每桌必点招牌菜；司康烤饼、西班牙煎蛋等，也都是特色餐点。

高雄

鼓山·盐埕

感受 古迹渔港魅力

左营一带除了优美的莲池潭风景区，周边还有不少名胜古迹，包括左营旧城、半屏山自然公园等，而西滨的茄萣呈现完全不同的风情，此地因临海之便而有丰富渔产，热闹的渔市交易与渔村风光，正是它的吸引力所在。

【左营·茄萣导览图】

DAY 1

1　14:00 半屏山自然公园

2　15:30 左营旧城

3　17:00 维格饼家·高雄门市

4　17:30 丽尊酒店

DAY 2

Go　9:00 丽尊酒店

5　9:30 莲池潭风景区

6　11:00 兴达渔港观光渔市

7　12:00 兴达渔港情人码头

8　13:00 陈记姑嫂丸

1 步道完善生态丰富
半屏山自然公园

⊙登山入口在左营区翠华路与海功路交叉处 ⊕中华路转翠华路即可到达登山口。

　　半屏山自然公园位于高雄左营、楠梓区交界处，呈东北、西南走向，高 220 米，属于富含大量海滨生物遗骸的高位珊瑚礁石灰岩地质，沿着木栈步道登山，可顺棱线到达 200 米高点。半屏山登山步道设施完善，从山腰穿越林荫，沿途自然资源丰富，适合生态观赏。

2 台湾城池之鼻祖
左营旧城

⊙东门（凤仪门）：高雄市左营区城峰路；南门（启文门）：左营大路、中华路与鼓山三路交叉口；北门（拱辰门）左营区胜利路、义民巷、埤仔头街交叉口 ⊕"国道" 1 号下鼎金交流道，走都会快速公路经翠华路、新庄仔路、莲潭路，左转旧城小学直行莲潭路，接店顶仔路直行即可到达。

　　左营旧城建于 1825 年，为台湾第一座城中池。在日本侵占时期统称为左营旧城，拆毁西门（奠海门），现今仅存北门（拱辰门）、南门（启文门）、东门（凤仪门），统称为凤山旧城。其中东门城门尚保留完整，城墙延存有 500 余米，经修复后流水环绕，古意盎然。

3 传承中国细致的糕饼文化
维格饼家·高雄门市

⊙高雄市鼓山区美术东二路 5 号（青海路口，近高美馆）
📞 (07) 550-3916　🕐 9:00~21:00　🌐 http://www.taiwan-vigor.com.tw　⊕"国道" 1 号接鼎金系统交流道往左营端走到底，接翠华路直行中华一路后，见青海路右转便可抵达。

　　维格饼家·高雄门市是创立于 1992 年的烘焙名店，连续荣获凤梨酥评比人气金赏奖、凤梨酥达人奖，以及最佳礼品必买店家，近年来成为精致糕点的新标杆。其用心制作的糕点品质与风味俱佳，不论是自家享用还是馈赠海内外亲友都很适合，多年来广受海内外顾客的热情支持与喜爱。

4 放松身心舒压好去处
丽尊酒店

📍 高雄市苓雅区五福一路 105 号　📞 (07)229-5000　💲 住宿
6600 新台币起，需另加 10% 服务费　🕐 入住 15:00，退房 12:00
🌐 www.theleeshotel.com　🚗 "国道" 1 号下中正交流道后右转，
至福德路口之地下隧道时靠右行驶不进入，通过隧道后即靠左，
选择三岔路口左前方的五福一路即可抵达。

　　丽尊酒店就位于高雄五福路
上，东西向贯穿市中心枢纽，交
通相当便利。无论是前往百货商
圈，还是前往爱河、文化中心等
处，都可轻易到达。除了优越的地理条
件，酒店内的客房均采用半挑高设计，在房间内就拥
有花园中庭，能帮助舒缓身心。这里所提供的自助式
下午茶，也很值得一试。

5 湖畔春光悠闲浪漫
莲池潭风景区

📍 高雄市左营区翠华路 1435 号　📞 (07)588-3242　🚗 "国道" 1
号高雄交流道下，转入民族一路沿天祥二路接新庄仔路直行，过
铁道后即到。

　　莲池潭不但是高雄市民重要的休憩场所，也是知名
观光胜景，有着"赛西湖"的美誉。欣赏莲池潭风光，
不妨选择沿环潭自行车道缓骑，既可饱览莲池潭的秀丽
美景，还可将环潭景点悉数游览，环潭景色包括塔前有
着巨大龙虎塑像的龙虎塔、古色古香的春秋阁，以及宏
伟的北极玄天上帝神像等。

6 各种新鲜海产集散地
兴达渔港观光渔市

🔵 高雄市茄萣区大发路88号 📞 (07)698-9607 🟢 "国道"1号路竹交流道下，沿184号县道往茄萣方向前进，转台17号省道续行到底，左转大发路即可抵达。

兴达港素来是台湾乌鱼子最大产地，且近海渔业与养殖业发达，因此成为茄萣地区的海鲜集散地，每逢周末，许多海鲜爱好者总会把兴达港的大发路挤得水泄不通。渔港附近的黄昏市场则是居民采买渔货的地方，不少花枝丸、酥炸海鲜等熟食摊贩都会大声叫卖，让整个渔市热闹非凡。

7 呈现浪漫渔港风情
兴达渔港情人码头

🔵 高雄市茄萣区崎洛里大发路88号 📞 (07)698-8233（兴达区渔会）🟢 "国道"1号路竹交流道下，往路竹方向直行，沿台17线即可抵达。

位于兴达港港区内的情人码头，是南台湾海岸线的热门观光景点。架设在港边的木栈步道利用高架延伸入海，迎着徐徐海风漫步，贴近海洋的怀抱，无论海天一色或落日余晖的景致皆各具风情。码头内还有浪漫砾石滩、旗帜风车广场、心心相印广场等设施，悠闲惬意的氛围令人向往。

8 鲜美海味吃到饱
陈记姑嫂丸

🔵 高雄市茄萣区大发路 📞 (07)698-6199 🟢 "国道"1号路竹交流道下，沿184号县道往茄萣方向前进，转台17线省道续行到底，左转大发路即可抵达。

兴达港观光渔市内有许多专卖海产的店家，陈记姑嫂丸都是当场现做，光是看到一颗颗虱目鱼丸被熟练地自手中挤出，然后丢入滚烫的热水中煮熟，就让人垂涎三尺。善于做生意的老板娘还频频把热乎乎的鱼丸送给过路的客人试吃，一口热乎乎的虱目鱼丸，香味加上大蒜味，真是芳香四溢。

田寮・大树

沉浸 山林清静地

在都市生活久了，难免对很多事物失去热情，此时不妨走访龙盘峡谷与月世界，观赏奇特的地貌与景观；或是踏上斜张桥，欣赏美丽的艺术杰作；做个SPA并置身温泉中，而后再到佛光山沉淀心灵，这都是转换心情的好方法。

DAY 1

1 14:00 盘龙峡谷

2 16:30 月世界・泥火山

3 18:30 头前园休闲餐厅

4 19:30 花季度假饭店

DAY 2

Go 9:00 花季度假饭店

5 9:30 高屏斜张桥

6 10:30 佛光山

7 12:00 义大世界

【田寮・大树导览图】

1 当地人私房景点探秘
盘龙峡谷

🔵 高雄市田寮区南安里　📞 0929-109-385（田寮观光协会，可安排导游带领进入，以免迷路发生危险）
🚗 "国道" 1 号下路竹交流道，接省道台 28 线西德路，转乡道高 37 号南安路，往雷达站方向战备道路即可抵达。

　　盘龙峡谷是新开发的景点，过去是大岗山十八洞天之一，当地人士开辟步道后，游客才得以一窥究竟。这里是远古时代珊瑚礁因地壳变动浮出海面而形成，原为一狭长的海沟，因此构成独特的一线天奇景，抬头仰望可见谷顶长有许多盘龙木，其名称正由此而来。峡谷全长仅 285 米，但拥有丰富生态。

2 地质奇观如科幻场景
月世界·泥火山

🔵 高雄市田寮区　🚗 "国道" 1 号下路竹交流道，接省道台 28 线西德路，沿月世界路标行驶即可抵达。

　　由青灰岩白垩土形成的险恶地形，由于具有高盐分，因此"干时涩、湿时黏"，土壤不易崩解，植物又不能生长，所以构成犹如月球表面的独特景观。外形如同锥状小山的泥火山，是因地热作用导致泥浆和气体同时向上溢出而形成的地质景观，全台共计约 17 处，尤以田寮最为著名。

3 大啖焖烤香嫩土鸡
头前园休闲餐厅

📍高雄市田寮区崇德路 9 号 📞(07)636-6688 🕐10:00~22:00
💲泥火山鸡 580 新台币（需提前 3 小时预约）🌐 tw.myblog.
yahoo.com/ck96good 🚗"国道" 1 号下路竹交流道，接
省道台 28 线西德路，转乡道高 141 号崇德路即可抵达。

　　头前园休闲餐厅是田寮最具规模的餐厅，
同时兼营宴会厅和民宿。桌桌必点的招牌餐点
泥火山鸡，是用小滚水泥火山的泥浆仔细包裹
住放山土鸡，再以慢火焖烤三小时才完成的功
夫菜。另外还有泥火山盐烤虾、熏羊肉等佳肴，
都借由主厨巧思，让这些菜色保持着热乎乎的
温度，吃起来更添美味。

4 体现新自然生活观
花季度假饭店

📍高雄市田寮区南安里岗北路 111 号 📞(07)636-2288 💲套房 13800
新台币起 🕐入住 15:00，退房 11:00 🌐 www.springhill.com.tw
🚗"国道" 3 号田寮交流道下，右转往旗山方向，直行至岗北路即达。

　　位于占地 2 万多平方米的山林野地上的花季度假饭
店，全店共 54 间客房外加 13 间温泉屋，业者将建筑融
入自然景观，山风轻拂、潺潺水声，为都市人提供最欠
缺的静谧感。无色无味的冷泉是花季最大的卖点，而每
间温泉屋均以植栽造景阻绝外界窥视，让顾客能尽情解
放，享受泡温泉乐趣。

5 南二高上最美桥梁
高屏斜张桥

📍横跨高屏溪上，桥之西侧为高雄市大树
区、东侧为屏东县九如乡 🚗"国道" 3 号往
南接"国道" 10 号下燕巢交流道，接台 22
线转台 21 线往佛光山方向即可抵达。

　　横跨高屏溪、连接高雄市与屏
东县的斜张桥，采取单臂不对等的
建筑方式，全长 2617 米的大桥，以
一座 184 米高的 A 字塔拉起不等长
的红色巨索。斜张桥建筑线条相当
特殊，入夜后经灯光照射，更显现
出其线条之美。值得一提的是，这
座桥的跨径是亚洲第一，在全球也
仅次于德国。

6 晨钟暮鼓洗涤心灵
佛光山

📍 高雄市大树区兴田路 153 号　📞 (07)656-1921　🌐 www.fgs.org.tw　🚗 "国道" 1 号
至鼎金交流道，接 "国道" 10 号往旗山、大树方向行驶，下旗山交流道后，至省道
21 号兴田路右转，沿路标即可到达。

　　佛光山共由五座小山组成，主要建筑包括大雄宝殿、大佛城、
大智殿、大悲殿、地藏殿、普贤殿、不二门、宝桥、放生池等，亦
有滴水坊餐厅提供各式素膳。在师父和义工们的悉心整理之下，佛
光山环境清雅、处处绿意，走在众山之间吸取芬多精，也是不错的
保健养生之道。

7 购物玩乐一次满足
义大世界

📍 高雄市大树区学城路 1 段 10 号　📞 0800-588-887　🌐 www.edaworld.com.tw　🕐 各区开放时间不同，请上网查询　💲 主题乐园全票 899 新台币，学生票 799 新台币，儿童票 599 新台币，幼儿票 500 新台币；星光票 650 新台币（周一至周四 14:00 以后入园、周五至周日 15:00 以后入园）　🚗 "国道" 3 号至燕巢系统交流道接 "国道" 10 号往仁武方向，下仁武交流道后，再接县道 52 号义大二路，沿路标即可到达。

　　享有超高人气、大人小孩都爱的义大世界，占地广阔，即
使是定点旅游，也可以玩上两天！园中共包含游乐区、购物中
心、饭店、剧院等六大区块。其中号称亚洲最大的 Outlet Mall
购物广场、全台湾海拔最高的景观摩天轮，以及可以从白天玩
到夜晚的主题乐园，则是最受欢迎的商场与设施。

高雄

田寮・大树

123

体验 城市自然风情

谁说都市中只有水泥丛林？想拥有辽阔的视野，就到澄清湖或湿地公园去吧；要打牙祭，则不妨尝尝吴宝春的冠军面包，然后前往玫瑰圣母堂感受祥和氛围，再到新光码头吹吹海风。美妙的城市风情，正等着你来体验。

【鸟松·苓雅导览图】

DAY 1

1 14:30 澄清湖风景区

2 16:30 鸟松湿地教育公园

3 19:00 自强夜市

4 20:00 寒轩国际大饭店

DAY 2

Go 9:00 寒轩国际大饭店

5 9:30 吴宝春面包

6 10:00 玫瑰圣母堂

7 11:00 新光码头

8 12:30 欧式派店

1 环境清幽媲美西湖
澄清湖风景区

📍 高雄市鸟松区大埤路 32 号　📞 (07) 370-0821　🕐 夏季 (4 至 9 月) 6:00~18:00，冬季 (10 月至次年 3 月) 6:00~17:30　💲 全票 100 新台币，半票 50 新台币　🌐 chengcinglake.water.gov.tw
🚗 "国道" 1 号高雄交流道下，于大顺路转右侧，再左转接澄清湖即可抵达。

　　澄清湖为高雄第一大湖，因环境清幽，而有 "台湾西湖" 的美称，这里有 "三桥"、"六胜" 及 "八景"，都是到澄清湖不能错过的绝妙景色。游澄清湖最美的季节是夏季，可以看到开满荷花的湖面与岸边垂柳相互映衬。而另一处由昔日蒋公秘密隧道改造成的海洋奇珍园，同样很受欢迎。

2 深入认知生态奥妙
鸟松湿地教育公园

📍 高雄市鸟松区澄清湖前门口东侧　📞 (07)236-1086
🕐 24 小时，导览解说人员需事先预约　🌐 "国道" 1 号高雄交流道下，于大顺路转右侧，再左转接澄清路至澄清湖后按路标可达。

　　鸟松湿地教育公园建造于 2000 年，是适合全家休闲的去处，满园的生态资源，包括沼泽、池塘、水生植物、灌木、常绿乔木等。园区看似凌乱，其实是为了刻意保持原生生态，导览人员总是悉心解说，不需刻意清除园区丛生的草类，有时善意的人为力量反而会导致破坏，生态的奥妙值得用心体会。

3 正港台湾传统小吃
自强夜市

🔘 高雄市苓雅区自强二路至自强三路两旁。
🚗 自海洋之星码头沿海边路、新光路方向，遇自强三路左转即达。

位于自强二路一直到自强三路两旁的自强夜市，有许多内行老饕才知道的、营业数十年的好料店摊，不仅分量十足，食材新鲜，选择更是多到数不清，不论要吃盐酥鸡、卤肉饭、馅饼粥、羹汤意面等这里都有，其中南丰卤肉饭、和记肉骨茶面专卖店，都是网友极力推荐的美味代表。

4 南台湾的另一个家
寒轩国际大饭店

🔘 高雄市苓雅区四维三路 33 号 📞 (07)332-2000 💲 双人房 6600 新台币起 (需加 10% 服务费) 🕐 入住 15:00；退房 12:00 🌐 www.han-hsien.com.tw 🚗 "国道" 1 号下中正交流道，沿中正路直走至复兴路左转，直行至四维路即达。

坐落于四维林荫大道上的寒轩国际大饭店，就位于高雄市政府对面，购物中心、古迹名胜都近在咫尺，占尽地利之便。饭店内共有 380 间客房与套房，所有房间均大面采光，视野极佳，餐厅方面供应的则是中外美食，另外还有健身房与游泳池等设施，是到南台湾旅游时住宿的好选择。

5 冠军面包魅力非凡
吴宝春面包

🔘 高雄市苓雅区四维三路 19 号 📞 (07)335-9593，预购专线：(07)335-6915 🕐 10:00~21:30 🌐 www.wupaochun.com 🚗 "国道" 1 号下中正交流道，沿中正路直走至复兴路左转，直行至四维路即达。

于 2010 年开张的吴宝春面包店，因吴宝春是首届世界杯面包大师赛的世界冠军，使面包店名气大振，经常可见民众大排长龙。尽管现在热度已退，但人潮仍未断过，好滋味由此可知。店里除了出售酒酿桂圆和荔枝玫瑰两款在世界大赛获奖的面包，也有红豆、奶油及葱面包等南部人偏好的传统台式口味。

6 典雅庄严风格独具
玫瑰圣母堂

📍 高雄市五福三路 151 号 📞 (07)221-4434 🕐 周一至周三、周五、周六 9:00~17:00；周四 11:00~17:00，周日不对外开放 🚗 "国道" 1 号下中正交流道，沿中正路直走至与五福路交叉路口时走左边即为五福路，续行过成功路后即可抵达。

　　建于 1931 年的玫瑰圣母堂为哥特式建筑，是亚洲三大圣堂之一，由于造型特殊，常有情侣、婚纱业者到此留影。主教堂的整体建筑造型仿欧洲哥特式教堂风格，并混合部分罗马式风格，优美华丽；钟楼高耸于碧空，两侧有两座拱门，侧面为圆拱窗，富有变化的圆拱形突出装饰线条，令人惊艳。

7 赏景谈心最佳据点
新光码头

📍 高雄市苓雅区新光路底与成功路交会处 🚗 "国道" 1 号中正交流道下，往五福路方向前行，至成功路左转即可到达。

　　新光码头又称"海洋之星"，原为高雄港 22 号码头，之后转型为观光景点。经过景观美化，设有海岸公园及新光园道。海岸公园的圆弧形高架平台步道，是欣赏海港最佳据点，不论夕阳西下还是大船入港时，画面都美不胜收；码头旁边还有喷水广场，可见到泉水从巨大红色钢架宣泄而出的壮观场面。

8 英式手工派专卖
欧式派店

📍 高雄市三多四路 62 号 2 楼 📞 (07)335-8883 🕐 11:30~22:00 🌐 bigboss.pixnet.net/blog 🚗 "国道" 1 号下中正交流道，沿中正路直走至与五福三路，转中华三路直行即可接至三多四路。

　　欧式派店是高雄少数以"派"为主题的餐厅，专卖英国手工派，也兼卖美式食品，无论甜、咸口味都有。咸派包括培根鸡肉派、咖喱鸡肉派、蘑菇牛肉派等；甜派口味也不少，都放在甜点柜里供人挑选。店内陈设走古典英式风格，樱桃木与缇花布的组合，显得大方优雅，营造出轻松雅致的用餐氛围。

旗山·美浓

探访 老街古早味

旗山的糖厂、老街、石造亭仔脚皆是古典建筑的艺术呈现，而以客家原乡闻名的美浓，无论是保留传统工艺的纸伞，还是充满古早味的粄条，都值得细细品味。

【旗山·美浓导览图】

DAY 1

- ① 14:00 旗山糖厂
- ② 16:30 旗山老街
- ③ 18:00 许家豆花汤圆
- ④ 19:00 高雄休闲农场

DAY 2

- Go 9:00 高雄休闲农场
- ⑤ 9:30 钟理和纪念馆
- ⑥ 11:00 永安老街
- ⑦ 12:00 粄条街
- ⑧ 13:00 美浓民俗村

1 用料扎实味浓郁
旗山糖厂

🔘 高雄市旗山区忠孝街33号（旗尾小学对面） 📞 (07) 661-5941 🚗 "国道"3号下田寮交流道，接省道台28线东行，经旗山市区循过旗尾桥后可到。

日本侵占时期，日本人积极在台湾发展制糖事业，旗山制糖厂因此成立。2002年起，基于成本效益及市场需求考虑，旗山糖厂结束制糖生产作业，改为多元经营，但不变的是糖厂的特制冰品依然深受欢迎。

2 全台仅见的石造亭仔脚
旗山老街

🔘 高雄市旗山区复新街至中山路一带 📞 (07)661-6100（旗山区公所） 🚗 "国道"3号下田寮交流道后，接台28线东行，左转旗南一路不久即可抵达。

旗山老街，包括火车站前的中山路一带，是昔日最热闹的市街，巴洛克式外墙、砖制亭仔脚为最常见的建筑样式。今日中山路上西侧，由天后宫到农会这排街屋，在门窗、窗台及山墙上仍可见繁复的装饰，体现浓郁的巴洛克风情。如今尽管挂起了现代亚克力招牌，但精彩的建筑还是引人留恋。

3 汤圆弹牙豆花绵密
许家豆花汤圆

🔘 高雄市旗山区中山路10号 📞 (07) 661-3069 🕐 平15:00~22:30，假日14:00~22:00 🚗 "国道"3号下田寮交流道，接省道台28线东行至旗山市区，沿旗山天后宫路标方向前行可达。

卖甜品小吃已有20多年历史的老板许枝茂，夏天卖豆花，冬天则改卖汤圆。店内所用的配料绝不假他人之手，主料依冬夏变换，但以冬季的汤圆最为吸引人潮，尤其冬至以前，大排长龙的情形屡见不鲜。此外，许家的豆花也很出名，口感细致绵密，同样拥有许多忠实粉丝。

4 适合全家团体游憩
高雄休闲农场

- 高雄市美浓区吉洋里外六寮 500 号
- (07)683-1115 入住 15:00，退房 12:00
- 双人房平日 1680 新台币起（每日各促销房价可能不同，请以实际订房时价格为准） www.kaohsiungfarm.com.tw "国道" 10 号至终点出口，右转接台 3 线往里港方向，在 418 公里台糖加油站处左转屏东县道 10 号，往信爱爱育幼院方向，沿路标可达。

屏东农场原本是退役官兵养老之地，而后才将部分用地规划作为休闲农场。近年农场积极改善场内景观、开发多项休闲设施，包括餐饮区、住宿区、露营区、烤肉区、果园区、蝴蝶生态园区、亲水广场区等，以满足游客多元旅游活动的需求。

5 感染浓浓文学气息
钟理和纪念馆

- 高雄市美浓区广林里朝元路 95 号 (07) 682-2228
- 周二至周日 9:00~17:00，周一休馆 http://www.chungliher.url.tw/info.html "国道" 3 号关庙附近接"国道" 10 号南二高旗山支线至旗山，往美浓方向前行，续往黄蝶翠谷方向，沿路标可达。

钟理和纪念馆内收藏了因电影《原乡人》而闻名的小说家钟理和的生平资料与手稿。来到纪念馆，除了通过钟理和的日记、书信及文稿等资料了解其创作及生活历程，也不妨走到纪念馆旁的文学步道，看看草木花卉中散置的大石上刻的台湾本土文学作家的文句。

6 回味美浓古早风情
永安老街

- 高雄市美浓居永安路 (07)681-4311 台 28 线西向至复兴街，第二个路口右转接中正路二段，续至美中路左转后直行至第三个路口，左转后即达永安路。

永安老街即现在的 19 巷，清朝时曾是全庄最繁荣的商业道路；日本侵占时期将北边的牛车路拓宽取代老街，而有了两条干线。从开基伯公坛、东门楼、林春雨门楼、蓝衫店、永安桥伯公坛、宋家口金杏书院到敬字亭，刚好完整呈现美浓旧时生活状态，漫步其中，犹如进入时光隧道。

7 难以抗拒的客家风味菜
粄条街

📍 高雄市美浓区中山路一段 87 号　📞 (07) 681-1420　🕐 8:00~19:00，周四店休　🚗 "国道" 1 号接 "国道" 10 号至旗山交流道下，续接高 140 乡道前行即可至美浓中山路。

到美浓，一定要吃粄条，不论火炒、汤煮还是干拌，都是最地道的美浓家乡味。在美兴街和中正路、中山路一带，也就是远近驰名的粄条街上，聚集了许多百年老店，其中又以美光粄条店最知名，店内历经三代传承，粄条采用手工制作，吃起来既弹又香，令人回味再三。

8 纸伞文化大观园
美浓民俗村

📍 高雄市美浓区中山路二段 421 巷 80 号　📞 (07) 681-7508　🕐 平日 8:00~17:30，假日 8:00~18:00　@ www.meinung-folk-village.com.tw　🚗 "国道" 1 号下路竹交流道下，循 184 县道至旗尾，再接 184 甲县道前行至高雄美浓区，沿路标即可抵达。

想要见识美浓文化，不妨造访由广华兴纸伞厂负责人曾启华转型经营的美浓民俗村。这里展示了许多传统手艺，包括油纸伞、陶瓷艺术创作等，尤其制伞师傅现场示范制作，让人感受到美浓纸伞的珍贵价值。此外，园内也供应传统客家美食，可完整搜罗客家的吃喝玩乐。

高雄

旗山·美浓

131

屏东 艳丽鲜活的南国迷恋

屏东市·内埔

回味 历史建筑风华

屏东原是平埔族阿猴社居民的居所，因此旧称阿猴或雅猴。后来许多闽南移民在清代陆续到阿猴开垦，建造了不少现在仍保存完好的重要建筑，这些古意十足的红砖瓦墙，已成为点缀在现代新式楼房中最美丽的历史况味。

【屏东市·内埔导览图】

DAY 1

1 14:30 孔庙·屏东书院

2 17:00 民族路夜市

3 19:30 大洲花园度假山庄

DAY 2

Go 9:00 大洲花园度假山庄

4 9:30 六堆客家文化园区

5 11:30 屏东观光酒厂

1 完整保留书院原貌
孔庙·屏东书院

◉ 屏东县屏东市胜利路 38 号 ◉ confucius.culture.tw/temple/temple11_1.htm ◉ 屏东九如交流道下接台 3 线，经海丰路 1 巷接台 27 线，至屏东市区胜利路即可抵达。

孔庙原称屏东书院，1815 年为提高当地文教风气所建，原址在今日中山公园内。日本侵占时期为免于拆除的命运，乃废除书院改成孔庙。1937 年，申山公园境内的原有规模移置今址。虽经多次迁移整修，仍维持书院原有的前讲堂、后祀殿及左右斋舍，让此文教之所得以保存原貌，现已列为三级古迹。

2 老饕用餐好去处
民族路夜市

◉ 屏东县屏东市民族路 ◉ 17:00~ 次日 1:00，部分店家不到中午即开始营业 ◉ 屏东九如交流道下，接台 3 线至海丰路 1 巷，续接台 27 线至屏东市区，走建国路转自由路，再左转复兴路桥后接中正路，即可抵达。

屏东市火车站附近的民族路并不长，却聚集了众多小吃摊。虽说是夜市，但事实上有些店家不到中午便开始营业，甚至 24 小时服务，为食客提供更多品尝美味的机会。整个夜市中从上好肉粽王、鱿鱼羹、鱼肉羹、米粉炒到蚵仔面线等，各式美味应有尽有，难怪其他县市的人也都慕名而来。

3 清幽雅致好环境
大洲花园度假山庄

◉ 屏东县内埔乡水门村中山路 32 巷 1 号 ◉ (08)799-2055 ◉ 入住 15:00，退房 12:00 ◉ 精致套房 1680 新台币起，四人房 2160 新台币起，家庭房 3360 新台币起，另收 10% 服务费 ◉ "国道" 3 号下长治交流道，往三地门原住民文化园区方向可达。

大洲花园度假山庄位于贴近三地门乡的水门村，是附近设备最完善且交通位置最便利的住宿旅馆。山庄中央规划了一处花园休憩区，环境清新幽雅。房型包括异国风味的浪漫套房、豪华精致的贵宾套房、全家同乐家庭套房，此外，更备有宽敞的会议室，适合度假、开会，住宿，可满足游客不同需求。

4 进入客家生活情境
六堆客家文化园区

◉ 屏东县内埔乡建兴村信义路 588 号 ◉ 周二至周日 9:00~17:00（每周一休） ◉ (08)723-0100 ◉ thcc.hakka.gov.tw ◉ "国道" 3 号下麟洛交流道，接屏 37 线（信义路）约 4 公里直达园区。

清康熙年间，客家族系为保家卫土，集结"六队"乡团组织，而后"六队"改称今日的"六堆"，且成为台湾高屏地区客家族群的总称。而六堆文化园区的成立就是为了保存并展现高屏两县客庄之客家生活风貌。园区内常举行各种展览及活动，让游客体验六堆生活文化特色。

5 沉浸酒香绿园中
屏东观光酒厂

◉ 屏东县内埔乡丰田村建国路 34 号 ◉ (08)77-1640 ◉ 8:00~17:30 ◉ event.ttl-eshop.com.tw ◉ "国道" 3 号下麟洛交流道，左转接台 1 线网内埔方向，行至内埔工业区左转，即可抵达。

屏东观光酒厂建于 1923 年，当时工厂内仅有简单设备，却是台湾烟酒公司生产米酒的主力。2004 年 1 月酒厂对外开放，并转型成观光酒厂。厂区面积宽广，放眼望去绿树如荫，环境极为清幽，很适合从事休闲活动。酒厂内亦设有展售中心，出售各式酒类。厂区还将规划成立米酒博物馆，很值得期待。

饮酒过量，有害健康

东港

体验 东港风情画

东港名声响亮，是因为黑鲔鱼让淳朴的渔村声名远扬。每年 4~7 月间，这座滨海小镇热闹非凡，镇内强调以美食与休闲，让游客可到镇上大啖美食，或是到邻近的大鹏湾游潟湖、晒太阳，体验东港小镇风情。

DAY 1

① 14:00 大鹏湾"国家风景区"

② 16:30 仁鹏海洋亲水牧场

③ 18:30 成记双糕润

④ 19:00 福湾庄园

DAY 2

Go 9:30 福湾庄园

⑤ 10:00 东隆宫

⑥ 11:30 东港渔业文化展示馆

⑦ 12:00 观海楼

⑧ 12:30 华侨市场

【东港导览图】

1 乘竹筏游赏红树林
大鹏湾"国家风景区"

📍 屏东县东港镇大鹏里大潭路 169 号 📞 (08)833-8100
（大鹏湾风景区管理处）🌐 www.dbnsa.gov.tw 🚗 "国道" 1 号接 88 号快速道路，万丹交流道下，走台 27 线往东港方向，接台 17 线，过东港后约 3 分钟即达。

　　大鹏湾因溪水淤积泥沙而成，拥有广大的沼泽湿地，孕育了以海茄苳为主的红树林，是台湾红树林分布的最南界。当地居民善用潟湖地形，从事养蚵、箱网养殖作业，游客可搭船游览潟湖以及红树林景观，蚵架、蚵棚密密麻麻地分布在湾内，其间的狭长通道则成了航道。

2 游潟湖踏蚵壳岛
仁鹏海洋亲水牧场

📍 屏东县东港镇船头路 75-87 号 📞 (08)832-2777 ⏰ 8:00~18:00 💲 太阳神游艇：全票 350 新台币，儿童、团体票 300 新台币；平底船：全票 280 新台币，儿童、团体票 250 新台币 @ www.ueu.com.tw/ueujp/index.htm 🚗 "国道" 1 号接 88 号快速道路，万丹交流道下，走台 27 线往东港方向，接台 17 线，过东港后约 3 分钟即达。

　　想饱览大鹏湾潟湖风光，仁鹏海洋亲水牧场观光船的生态之旅是不错的选择。观光船从码头出发后，缓缓朝向大鹏湾中心点附近的蚵壳岛驶去，船会在蚵壳岛停泊让游客上岛游览；回程则视当日潮夕状况，带游客进入红树林水道。当船行驶于狭窄的红树林水道时，犹如身处原始丛林！

3 一吃上瘾好口感
成记双糕润

📍 屏东县东港镇朝隆路 22 号 📞 (08)832-9098 ⏰ 平日 7:00~21:30，假日 7:00~22:00 @ www.8329098.com.tw 🚗 "国道" 3 号下林边交流道，右转入东港镇至中兴路一段，在盐龙路右转新生路，再右转进德大桥，最后左转朝隆路即可抵达。

　　成记双糕润创业至今正好 60 年。双糕润是用黑糖加糯米，以 150 ℃ 高温，经 90 分钟的高压蒸汽制成。成记传承古老手工做法，双糕润都是当天早上现做，口感软而富有弹性，质地细致，香弹无比，除了传统口味外，店里还研发出芋头、红豆、抹茶、绿豆等口味。

4 悠哉乐活自在假期
福湾庄园

📍 屏东县东港镇大鹏路 100 号 📞 (08)832-0888 @ www.fuwan.com.tw/home01.aspx?ID=1 🕐 入住 15:00，退房 11:00 💲 绿意套房 4800 新台币，蜜月别墅 15000 新台币，草原别墅 18000 新台币（平日 6 折，假日 8 折）🚗 台 17 线沿海路约 14 公里转大鹏路，约 200 米右手边沿路标而行可达。

　　沿着庄园门前的小路前进，眼前绿树、小桥、湖泊的美景间，矗立着巴厘岛风格的别墅。除了有充满桧木香气与绿意的景观套房，庄园内还有数间拥有私人庭院、充满设计感的独栋别墅，私人管家提供无微不至的服务。至于餐点方面，提供的则是当地私房料理，到一般餐厅可享用不到。

5 中军府解厄改运
东隆宫

📍 屏东县东港镇东隆路 21-1 号 📞 (08)832-2374、(08)832-2961 @ www.66.org.tw/index.htm 🚗 "国道" 3 号南州交流道下，转 187 乙县道和 187 县道往东港方向即可抵达。

　　东隆宫是东港镇上最大的庙宇，兴建于清乾隆年间，以举办三年一度的王船祭而闻名。经常有外地的信徒香客前来朝拜，也有不少信徒会到中军府解厄改运。最特殊的是，若想改运就必须双膝跪地，由班头在身体前后挥动紫色的令旗；若想大改一番，就必须趴着让令旗由头至脚除去一身厄运。

6 认识黑鲔鱼的地点
东港渔业文化展示馆

📍 屏东县东港镇新生一路 53 号 📞 (08) 833-0550 🕐 周二至周日 10:00~18:00（周一公休）🚗 "国道" 1 号接 "国道" 10 号，于最尾端下交流道，沿台 17 线往南行驶过东港大桥，转接中正路一段即可到达。

这栋三层楼的建筑是由东港旧渔会改建的，主要陈列主题在二楼；才上楼便映入东港三宝：樱花虾、油鱼子与黑鲔鱼的介绍，还有渔货市场作业流程解说。以人物蜡像实际模拟渔民捕鱼、秤鱼、买卖渔货的场景，在文字说明的搭配下，尽管未能目睹，但其中的流程也能大致有所了解。

7 登高远眺海上风光
观海楼

📍 屏东县东港镇路 🚗 "国道" 3 号南州交流道下，转 187 乙县道和 187 县道往东港方向即可抵达。

经过渔会所属的鱼货拍卖市场，从朝隆路直走到头，有一栋两层楼高的观海楼。它规模不大、造型简单，却是登高瞭望东港港口与外海景观的好地方。海的对面是林园，站在观海楼上便可欣赏到东港至林园两地渔船往返的风光。入夜后在一旁会有卖炭烤海鲜的临时摊位，提供桌椅可让人坐着享用。

8 品尝新鲜海味去处
华侨市场

📍 屏东县东港镇新生三路 🕐 平日 14:00~18:30，假日 14:00~19:00 🚗 "国道" 3 号南州交流道下，转 187 乙县道和 187 县道往东港方向即可抵达。

每逢黑鲔鱼季，华侨市场总会吸引各地游客到东港大啖海味。其实，黑鲔鱼季之外，东港也是值得一探的大渔港。每至中午时分，渔船纷纷入港，各地海产餐厅的主人、渔船船长和船员都会齐聚在渔港市场里。一旁的华侨市场因地利之便，聚集了许多海产摊，想品尝便宜公道的海鲜，来这里就对了。

超肥美生鲜体验

鲜美生鱼片

　　一盒盒生鱼片都是经过师傅的巧手切片、摆盘出来的。主要使用的鱼有鲔鱼、旗鱼和鲑鱼，每逢黑鲔鱼季，当然会加入鲜美的黑鲔鱼肉。鱼市场卖生鱼片的摊位会有现成的包装，不过也能依据客人实际需求，调整食物搭配和价格。

小琉球

探索 海洋新乐园

全台唯一不受东北季风影响的小琉球，不仅有着清澈见底的蔚蓝海洋，丰富的珊瑚资源与海洋生物更令人大饱眼福。岛上空气清新，步调慵懒闲适，散发舒适度假氛围，最适合放松心情、放慢脚步，让身心都好好休息！

DAY 1

1 14:00 白沙观光港

2 15:00 乌鬼洞

3 16:30 威尼斯海滩

4 18:00 郑记琉球香肠

5 19:00 地中海度假民宿

DAY 2

Go 8:30 地中海度假民宿

6 10:30 花瓶岩

7 12:00 沙玛基度假区

8 13:00 百海餐厅

【小琉球导览图】

1 七彩造型缤纷抢眼
白沙观光港

◎屏东县琉球乡三民路、民生路口　☎(08)861-4615
◎7:00~17:00（依船班时间为主）　🚌"国道"3号南州交流道下，转187乙县道和187县道抵东港码头后，再搭渡轮至小琉球下船，往环岛公路方向即达。

　　小琉球最亮眼的地标白沙观光港，外形为半弧主体结构、七彩钢梁，凸显这座珊瑚岛度假风情。过去东港到小琉球的渡轮与渔船共用码头，使附近交通杂乱，这处新码头一出现就成了游客进出的主要交通要道。港区内游客服务中心除了提供交通船搭乘，另有海上环岛船及海底半潜艇服务。

2 穿梭礁岩间等夕阳
乌鬼洞

◎屏东县琉球乡天福村　💲全票120新台币、半票80新台币　🚌环岛公路往南过蛤板湾后续行即达。

　　小琉球是知名的自然观景点之一，特色在于宛如迷宫阵般的珊瑚礁岩群，走在里面常需低头穿越好似涵洞的地形，海浪时而拍打过来，冲撞的声音令人胆战心惊。走乌鬼洞的最佳时间是接近太阳西下之际，身处在礁岩群中观赏落日，多了有棱有角的礁岩当前景，呈现一番独特景致。

3 戏水捡贝乐开怀
威尼斯海滩

◎屏东县琉球乡西南侧　🚌环岛公路往南到蛤板湾即达。

　　威尼斯沙滩又名蛤板湾，从高处往此观望，只见一湾碧海里的白沙海滩，非常优美。想亲近威尼斯海滩，建议走步道，因为这里是贝壳沙滩，踩踏起来自然没有细沙舒服，但却可以捡拾各式各样贝壳；或者往海滩两旁的礁岩地带走过去，也有机会发现有趣的潮间带生物。

4 半世纪老店古味飘香
郑记琉球香肠

📍 屏东县琉球乡中山路 204 号　📞 (08)861-3499　🕐 7:00~21:00　💲 原味香肠每斤 190 新台币，其余口味 200 新台币　🌐 www.8613499.com　🚗 环岛公路往北行驶，行经三民路转进民生路，续往中山路前行可达。

　　香肠是小琉球当地传统名产，郑记琉球香肠为第一家创始店，至今已有超过 50 年历史。制作上秉持古老做法，通常灌好的香肠都是绑成一节一节的，但这里则是一条猪肠灌到底，并去除肉里面的筋、血管，口感较好。除原味外，还有红曲、黑胡椒、香料与豆瓣酱等口味，游客常一次就买好几盒。

5 住蓝白建筑享异国情调
地中海度假民宿

📍 屏东县琉球乡复兴路 161-9 号　📞 (08)861-1007　🕐 入住 15:00，退房11:00　💲 观海双人房 3600 新台币起、观海四人房 4800 新台币起（以上价格均为平日时段）　@ mvilla.e929.tw　🚗 环岛公路往北行驶，行经三民路、民族路，续接复兴路即可抵达。

　　这间梦想中的民宿，从空间设计到室内布置都是全家人努力的成果，偌大面积仅安排有限的客房，让每间都有宽敞舒适的空间，并以不同星座与色彩营造出简洁的风格；户外用餐区绝美浪漫，天气好时，还可清楚眺望对岸的 85 大楼。想休息，就躺在懒人椅上，感受湛蓝海水的热情呼唤。

6 海底生态一览无遗
花瓶岩

◎屏东县琉球乡北端白沙港附近 ◎环岛公路往东北方行驶，行经三民路往白沙港方向前行即可抵达。

　　来到珊瑚礁构成的小琉球，如果天气许可，最好下水看看美丽的珊瑚海岸及五彩缤纷的鱼群，初学者大多会在花瓶岩海域浮潜。此处海水干净透明，甚至可从海面直接透视到海底，除鱼类外，丰富的珊瑚资源与海洋生物更让人大饱眼福，并感受鱼群从身旁穿梭而过的惊喜，享受浮潜之乐。

7 和星星与蓝天对话
沙玛基度假区

◎屏东县琉球乡杉福村美人路1号 ◎(08)861-4880 ◎www.samaji.com.tw ◎双人房平日3600新台币起，假日4800新台币起 ◎白沙观光码头走环岛公路，往乌鬼洞方向即可抵达。

　　这里是小琉球硬件设备较具规模的旅馆，不但提供露营住宿的服务，也可入住小木屋，享受更方便自在的度假方式。此处最特别的，应数主建筑后方的露天区，一张张躺椅一字排开，是喜欢日光浴的人最爱停留的地方，也有不少人会趁着夜晚星光点点时，在躺椅区观星聊天。

8 绝妙创新海味料理
百海餐厅

◎屏东县琉球乡民族路6号 ◎(08)861-2224 ◎平日11:00~14:00、17:00~19:00，假日晚间延长营业至20:00 ◎www.paihai.com.tw ◎环岛公路往东北方向行驶，行经三民路、民族路即可抵达。

　　小琉球素以海鲜闻名，而论起烹煮海产的功力，居民一致推荐百海餐厅。喜爱创新的老板善用小琉球当地食材，变化出各色海味佳肴，店内最受欢迎的一道功夫菜为蜂巢虾，以鲜虾裹上鸭蛋油炸制而成，口感酥脆，相当特殊，另外黄金炒饭、鱿鱼东坡肉等，也都不容错过。

屏东

小琉球

竹田·万峦

乐享 浓浓古早氛围

竹田与万峦，两个乡镇比邻相连，人口中都有为数不少的客家乡亲。悠游在竹田，除了可欣赏竹田车站的风情，还能深入了解当地的历史与兴衰。来到万峦的传统客家村落五沟社区处，则能享受到最地道的客家风情。

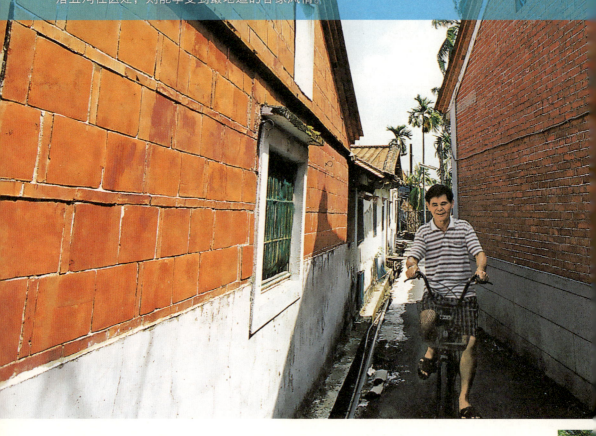

【竹田·万峦导览图】

DAY 1

1 14:30 竹田车站

2 15:40 池上一郎博士文库

3 16:30 米仓艺术空间

4 17:30 海鸿饭店

5 18:20 鹈园休闲农场

DAY 2

Go 10:00 鹈园休闲农场

6 10:30 刘氏宗祠

7 11:00 五沟社区

1 竹田车站

◉ 屏东县竹田乡履丰村丰明路 23 号　☎ (08)771-2897　🚗 "国道" 3 号麟洛交流道下，接台 1 线往内埔方向，右转屏 82 线接中山路可达。

　　竹田车站旧名囤物驿，建站于 1919 年；今日所见之木质车站站体兴建于 1939 年，是台湾仅存的 18 座木造火车站之一。车站建筑样貌仿佛重现日本时装剧中的场景，内部依然保留着旧时茶水间、行李托运口、信号房等。原本产业没落将要废站，因民众极力争取才得以留存，并翻身为热门铁道景点。

2 迷你日文图书馆
池上一郎博士文库

◉ 屏东县竹田乡履丰村竹田驿园园内　☎ (08)771-1647　🕐 周二至周五 8:30~11:30、14:00~16:30，周六 8:30~11:30（周一休馆）　🚗 "国道" 3 号竹田系统交流道下，接中正路转永兴路至丰振路即可到达竹田驿园。

　　池上一郎博士文库位于竹田驿园园内，是由日本侵占时期医生池上一郎捐出的上千册日文书籍，集中起来成为超迷你日文书图书馆。该图书馆由旧仓库改建而成，建筑内外皆以木头建造，带有浓浓的日式气息，另外还有日式凉亭区可供阅读休憩，书籍亦可借阅。

3 老屋变身新风貌
米仓艺术空间

📍 屏东县竹田乡履丰村丰明路 23 号 📞 (08)771-1550 🚗 "国道" 3 号麟洛交流道下，接台 1 线往内埔方向，右转屏 82 线接中山路可达。

位于竹田车站正对面的米仓艺术空间，前身是建于 1942 年的德兴碾米厂，一直营运至 1994 年才终止。由于长期闲置，加上屋顶破损严重坍塌，在一群艺术家进驻并改造后，成为不定期举办各类艺术展览的场所。走进这处用红砖搭成的旧房子里，怀旧风情让人仿佛重回旧时光。

图片提供／ Johnson Wang

4 万峦猪脚必吃美味
海鸿饭店

📍 屏东县万峦乡民和路 16 号 📞 (08)781-1220 🕐 7:00~20:00 🌐 www.haihon.com.tw 🚗 "国道" 3 号由竹田交流系统下潮州左转，接台 1 线右转至第一个红绿灯，左转进入万峦市区即可抵达。

到万峦必吃的美味非万峦猪脚莫属，开业于 1970 年、现已传承至第三代的海鸿饭店之所以有名，就在于店家的猪脚料理过程及独门作料。店家以精选骨小肉多的猪前蹄，先经过脱油，再以特殊配方小火慢卤 3 小时，食用时配上特调蒜头酱油，皮弹肉嫩，蒜香十足且不油腻，开胃爽口，回味无穷。

5 走访生态养殖农场
鹌园休闲农场

📍 屏东县万峦乡万金村营区路 1 巷 8 号 📞 (08)783-1592 🕐 7:30~22:00 🌐 www.quailking.com.tw 🚗 "国道" 1 号接 88 快速道路于潮州交流道下，至万金村往万金营区方向穿过绿色隧道，往玛仕部落方向即可抵达。

鹌园环境清幽，近山亲水，饲养了超过十万只的鹌鹑，同时也提供鹌鹑的生态教学，设计了让游客亲自体验拾鹌蛋及饲养小鹌鹑等学习活动，借此了解鹌鹑成长过程及特性。另外，这里还可以体验农村生活、手工艺品 DIY。如果不想劳累奔波，农场中也附设有民宿和餐厅，相当便利。

6 社区精神象征
刘氏宗祠

📍屏东县万峦乡五沟村西盛路 70 号 🚌自竹田车站走中山路接屏 82 线，左转屏鹅公路往内埔方向，于乡公所右转文化路，续行可达。

早在清乾隆年间（1736—1795），广东沿海一带的刘姓族人来到五沟水定居，并在 1870 年建造了这座刘氏宗祠，至今已有百余年历史。二进四护龙的建筑格局，以及燕尾式门楼、红瓦厝正厅，都展现出这座传统客家祠的气派；而其更是台湾少数拥有护祠河的大祠堂，颇值得细细观赏。

7 走访街坊听故事
五沟社区

📍屏东县万峦乡五沟村东兴路 34 号 📞 (08)783-0988（社区发展协会）🌐 wugo.tacocity.com.tw/index.htm "国道" 3 号麟洛交流道下，经台 1 线省道路口（屏鹅公路）左转南下，直行往内埔方向，经由南宁路、广济路，绕行圆环往文化路，过柑园路，一直到看见五沟村刘氏宗祠即达。

因为万峦附近有五条水圳注入东港溪支流，因此五沟社区原名为"五沟水"。社区内四处都是传统客家四合院，居民虽没有显赫的身家背景，但这里充满的都是真切的日常生活。既然是客家村落，当然少不了客家美食。这里有家粄条店没有招牌也不起眼，但香弹的口感却道尽小店受欢迎的原因。

玛家・雾台

遇见 少数民族美丽风情

清新的山景、沁人心脾的瀑布，与别具风味的民情——由雾台、玛家组成的山地乡，默默地在这宛如世外桃源的山边经营传统的文化与艺术，即便曾经历过严重风灾，却无损少数民族努力生活的信心，继续乐观地迎接美好的明天。

【玛家・雾台导览图】

DAY 1

① 15:00 台湾原住民族文化园区

② 17:30 神山天主堂

③ 18:00 杜巴男民宿

DAY 2

Go 9:30 杜巴男民宿

④ 10:20 神山瀑布

⑤ 12:30 鲁凯文物馆

1 九族文化巡礼
台湾原住民族文化园区

📍 屏东县玛家乡北叶村风景 104 号 📞 (08)799-1219 🕐 周二至周日 8:30~17:00，每周一休园（如逢假日照常开放）💲 全票 150 新台币，学生、军警票 80 新台币，残障人士、65 岁以上老人免费 @ www.tacp.gov.tw 🚗「国道」3 号长治交流道下，接省道台 24 线至水门接乡道 185 线，续接乡道屏 35 线，循址可达。

文化园区 80 多公顷的面积几乎涵盖整片山峦，以呈现台湾九族少数民族传统文化为主。从迎宾区的静态展览开始，先让游客有基本认识；接着，在塔玛麓湾区与富谷湾区，则展示少数民族传统聚落；而到了娜麓湾区，重点在于动态歌舞表演。想要深入了解台湾少数民族文化的人，非造访此处不可。

2 展现鲁凯族文化特色
神山天主堂

📍 屏东县雾台乡神山村 🚗「国道」3 号长治交流道下，转台 24 线往三地门方向，经三德检查哨续往雾台方向前进，即可到达。

神山村是个小部落，少数民族大多信奉天主教，不同于其他地区信奉的基督教长老会，这里的信仰并不限制鲁凯族的传统，非常能突显鲁凯族少数民族特色。最特别之处就是，教堂中以少数民族人像精雕制成一张张椅子，雕像后的背袋正可放置做弥撒礼拜时需要的《圣经》，相当有趣且另类。

3 探访少数民族部落
杜巴男民宿

📍 屏东县雾台乡雾台村岩板巷 53 号 📞 (08)790-2281，0975-231-006 💲 雅房平日 1200 新台币、假日 1500 新台币，团体（10 人以上）500 新台币/人 🚗「国道」3 号长治交流道下，转台 24 线往三地门方向，经三德检查哨续往雾台方向前进，即可到达。

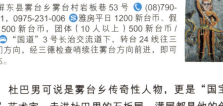

杜巴男可说是雾台乡传奇性人物，更是「国宝级」艺术家。走进杜巴男的石板屋，满屋都是他的创作，尤以屋子中央的立柱木雕最显眼。杜巴男曾担任雾台村村长 16 年，对地方建设向来积极，当地的岩板巷步道、石雕等都是在他的积极建设下完成，而该民宿即由鲁凯族贵族石板屋改建而成。

4 幽秘山谷戏水乐
神山瀑布

📍 屏东县雾台乡神山社区下方 🚗「国道」3 号长治交流道下，接省道台 24 线，经水门、三地门至三德检查哨，续往神山瀑布步径路标前行，即可抵达。

神山瀑布因为在神山下方而得名，是雾台乡众多瀑布中最容易到达的一处。沿着狭窄步径往下走去，路旁有一畦畦整齐的芋田，而淙淙水声随着脚步越发清晰，不知不觉中，瀑布已出现在眼前。隐于山林间的神山瀑布，有如世外桃源般静谧，而清澈冰凉的流水则最适合戏水玩乐。

5 呈现鲁凯族文化特质
鲁凯文物馆

📍 屏东县雾台乡中山巷 59 号 📞 (08)790-2297 🕐 9:00~17:00（周一公休，遇假日顺延）💲 20 新台币，6 岁以下免费 🚗「国道」3 号长治交流道下，转台 24 线往三地门方向，经三德检查哨续往雾台方向前进，即可到达。

位于雾台村雾台小学旁的鲁凯文物馆，是为了保存鲁凯族生活文化而设立。该馆以石板屋建筑的方式修饰外观，并刻有百步蛇、陶瓷、丰年节等图腾。馆内搜集许多旧有器皿、服饰及艺术雕刻作品，一、二楼作为文物展示区，除了珍贵文物作品之外，也有图表描述鲁凯族的传统文化。

感受 原乡热情活力

屏东县内有许多少数民族聚落，其中三地门是以排湾族为主要人口的原乡。造访德文部落不只能体验手采咖啡、烘焙咖啡的过程，还可顺游充满排湾族风情的三地门文化馆、有美丽琉璃珠的蜻蜓雅筑，在创作与艳阳下感受少数民族热力。

DAY 1
1. 14:00 德文部落咖啡园
2. 16:00 赛嘉航空运动公园
3. 18:00 山中天休闲餐厅

DAY 2
Go 9:00 山中天休闲餐厅
4. 9:30 蜻蜓雅筑珠艺工作室
5. 10:30 三地门文化馆
6. 12:00 富古湾餐厅
7. 13:30 地磨儿艺术公园

【三地门导览图】

进贡用的顶级咖啡
德文部落咖啡园

📍屏东县三地门乡德文村中正路二段 110 号　📞(08)732-2156　🚗"国道" 3 号长治交流道下，左转台 24 线往三地门方向，经雾台公路过管制站续行约 5 公里，左转三德道路续行约 6 公里可达。

　　德文山区海拔约 800 米，气候及土壤非常适合种植咖啡，目前种植面积 20 多公顷，为南台湾最重要的咖啡产区之一。进入德文部落，眼前是德文八景之一的百年榕树，部落咖啡产销班员，假日都会在此推广部落咖啡，有空的话不妨坐在树下，啜饮一杯德文咖啡，享受多层次的丰富口感。

省内首座航空公园
赛嘉航空运动公园

📍屏东县三地门乡嘉宝村　📞(08)799-2221　🚗"国道" 3 号下长治交流道，接 24 号省道往三地门乡方向，至 185 县道约 17 公里处即可抵达。

　　赛嘉航空运动公园占地达 2162 公顷，因拥有优良的地形、宽广空间及气流旺盛等因素，修建了这个飞行天堂，让台湾飞行伞和滑翔翼玩家们都赞不绝口。每当晴空万里时，在马路上就可以看到五彩缤纷的飞行伞或光亮耀眼的滑翔翼在天空中翱翔，把蓝天、白云和树林点缀得五颜六色。

3 排湾族风情住宿
山中天休闲餐厅

🏠 屏东县三地门乡三地村中正路一段 10-1 号　📞 (08)799-3440　@ www.sandiman-sct.idv.tw　🏠 入住 14:00~17:00，退房 11:00　💲 头目双人房平日 2800 新台币，假日 3800 新台币；长老四人房平日 3920 新台币，假日 5320 新台币　🚌 "国道" 3 号长治交流道下，左转台 24 线往三地门方向过隘寮溪续行约 300 米右侧可达。

　　山中天休闲餐厅是兼具美食、住宿与工艺创作的复合式园区，提供少数民族美食、民宿，以及排湾族工艺展示等多元休闲选择，居高临下的位置可眺赏日夜山景。老板徐文铭对于部落文化传承及艺术创作不遗余力，运用大量的艺术创作打造住宿与用餐空间，晚间在露天用餐区还会举行热力十足的歌舞表演活动。

4 艺术文化兼具复合式餐厅
蜻蜓雅筑珠艺工作室

🏠 屏东县三地门乡三地村中正路二段 9 号　📞 (08)799-2856　🕐 8:00~20:00　@ www.puqatan.com.tw　🚌 "国道" 3 号下长治交流道，接 24 省道往三地门乡方向，过隘寮溪上山续行，经乡公所后循址可达。

　　负责人施秀菊对传统少数民族特有文化资产琉璃珠有着深刻研究，在这里，随处都能看到各色琉璃珠创作。工作室内也加入了咖啡的元素，让这家有特色的复合式餐厅成为当地最具代表性的休闲美食餐厅。随着电影《海角七号》走红，琉璃珠的流行风潮也被带起，蜻蜓雅筑因此更受瞩目。

5 深入探访排湾文化
三地门文化馆

📍 屏东县三地门乡三地村中正路二段 110 号 📞 (08) 799-2568 🕐 8:00~17:00 🚗 "国道" 3 号长治交流道下，左转台 24 线往三地门方向过隘寮溪上山，续行约 2 公里右侧乡公所对面中山公园内。

　　三地门文化馆坐落在三地村顶端的中山公园内，当中规划有艺术展览区、多媒体视听室、歌舞表演场、纪念品展售区及 SPA 养生舒活区等。馆内定期展出排湾古文物，并提供定时专业导览服务。游客不仅可从中了解三地门排湾族的部落文化及神话故事，还能参与假日少数民族歌舞表演，很适合全家同欢。

6 视野辽阔眺火红夕阳
富古湾餐厅

📍 屏东县三地门乡三地村中正路一段 77 号 📞 (08)799-1000 🕐 11:00~23:00 🚗 "国道" 3 号长治交流道下，左转台 24 线往三地门方向，过隘寮溪上山续行约 1 公里右侧可达。

　　位于山坡上的富古湾餐厅主要供应少数民族风味菜肴，就地取材的特色让许多游客远从各地专程前来用餐。餐厅内摆满各式大型木雕作品，洋溢浓浓排湾族部落风情。由于餐厅地势较高，有着极佳的视野，天气晴朗时不仅可以看到南台湾的火红夕阳，还可以远眺高雄市夜景。

屏东

三地门

7 极具少数民族精神象征
地磨儿艺术公园

📍 屏东县三地门乡三地门村中正路 (三地门乡公所上方) 🚗 "国道" 3 号长治交流道下，左转台 24 线往三地门方向过隘寮溪上山续行约 2 公里，右侧乡公所对面再往上走即可到达。

　　地磨儿艺术公园占地面积约 90 公顷，与一般公园不同的是，这里没有太多公共设施，而是利用统石板为建材，搭建出象征少数民族的标志物，包括露天生命舞台、祖灵柱、灶等。平日此地就是一处广阔的公园，为观赏落日、彩霞的好地点，若逢重大节庆，它则立刻化身成乡民聚会的最佳场所。

牡丹

分享 排湾族热情

牡丹乡是排湾族聚集之地，喜欢少数民族文化的朋友，不妨选个周休假期前往猎人的屋走走，体验部落风情，再走访宛如山中花园的佳德谷、山之屋品尝精致的少数民族创意佳肴，还可以学习制作手工香皂，享受有趣的部落假期。

DAY 1

① 14:00 四林部落猎人的屋

② 15:30 KIKIU 手工香皂坊

③ 17:00 牡丹水库

④ 18:30 牡丹民宿山庄

DAY 2

Go 10:30 牡丹民宿山庄

⑤ 11:00 山之屋餐厅

⑥ 13:00 佳德谷少数民族植物生活教育园区

⑦ 15:30 哭泣湖

【牡丹导览图】

1 排湾族狩猎传统体验
四林部落猎人的屋

◎屏东县牡丹乡四林村四林路 65 号 📞阿麟明先生 0933-585-23、(08)881-1197，需事先预约 🚗"国道"3 号南洲交流道下，接台 1 线至枫港续行台 26 线往垦丁方向至恒春镇左转 200 县道往旭海，于长乐派出所依路标左转四林部落，续行约 3 公里可达。

排湾族少数民族多居住在山林间，早期以狩猎为生，时至今日，部落年轻人对于传统技艺早已陌生。为了传承文化，牡丹乡四林部落的阿麟明特别组织族人兴建猎人的屋教育园区，让游客可经由导览解说，了解各种陷阱制作方法与原理，并通过参观传统古屋，了解排湾族人生活方式。

2 加入温泉的天然香皂
KIKIU 手工香皂坊

◎屏东县牡丹乡石门村石门路 1-14 号 📞(08)883-1218 🕘9:00~17:00 💲手工香皂 250 新台币起 🚗"国道"3 号南洲交流道下，接台 1 线至枫港续行台 26 线往垦丁方向至车城乡左转 199 县道往石门，进入石门市区于牡丹中学左侧。

因缘际会下，高贵珠学会制作手工香皂，成品不但泡沫细致、清洁度好，而且不会刺激皮肤，因此让她兴起制作并推广手工皂的兴趣。高贵珠以排湾族名"KIKIU"成立手工皂自创品牌，产品除了采用无污染的天然植物做材料，还搭配旭海地区的优质温泉水，研发出牡丹乡特产的手工温泉香皂。

3 美景山水相映
牡丹水库

📍 屏东县牡丹乡石门村茄芝路 3-15 号 📞 (08)883-1332 🚗 "国道" 3 号南州系统交流道下，左转胜利路，于台 1 线续行台 26 线，至屏 15 乡道左转，遇岔路左转 199 县道，往牡丹方向至牡丹大桥即可见牡丹水库。

　　牡丹水库是南台湾重要的水库之一，提供民生用水与农业灌溉用水，且周边湖光山色、景致优美，又因位于车城往旭海的县道上，吸引许多游客前来一赏水库周边的美丽风光。排湾族居住的牡丹乡也连带发展出充满少数民族特色的休闲观光景点，如石板屋遗址、石门村，还有风味独特的排湾菜。

4 牡丹民宿山庄
牡丹民宿山庄

📍 屏东县牡丹乡石门村石门路 1-8 号 📞 (08)883-1076 ⏰ 入住 14:00，退房 11:00 💲 双人房平日 1000 新台币、假日 1200 新台币；四人房平日 1500 新台币、假日 1800 新台币 @ www.wretch.cc/blog/atinpun 🚗 走台 26 线至车城，左转 199 县道往牡丹乡方向，至石门村即可抵达。

　　从外观装潢就能感受到民宿浓浓的排湾风情，大门也布置相当有部落传统味道。原来民宿不只接待游客，也是部落文化交流之处，希望让更多人认识当地风俗民情，不过更特别的是，来此不仅可预约体验牡丹生态文化十景，还有专业解说员随行。此外，民宿也供应餐点，而且是深具少数民族特色的美食。

5 创意健康排湾美食
山之屋餐厅

📍 屏东县牡丹乡茄芝路 3-6 号（牡丹水库对面）📞 (08)883-1047（需预约）⏰ 平日 10:00~17:30，假日 10:00~18:00 🚗 "国道" 3 号南州交流道下，接台 1 线至枫港续行台 26 线往垦丁方向至车城乡左转 199 县道往石门，过牡丹大桥至牡丹水库对面即达。

　　这家历史悠久的山产餐厅将牡丹地区出产的过山虾、溪鱼和野菜搭配排湾族特有的香料西拿富，制成了别具风味的排湾美食。店家从早期经营简单小吃到现在出售少数民族创意美食，随时精进厨艺，除了坚持使用新鲜食材，加入养生健康概念，更应季节变化做出多种令人垂涎的应季排湾佳肴。

6 隐深山林的香草花园
佳德谷少数民族植物生活教育园区

🏠 屏东县牡丹乡石门村 1 邻中间路 66 号 📞 (08) 883-1399 🕐 8:00~17:00 🌐 www.wretch.cc/blog/mudan188 🚗 "国道" 3 号南洲交流道下，接台 1 线至枫港续行台 26 线往垦丁方向至车城乡左转 199 县道往石门，过牡丹水库续行约 6 公里可达。

在这个充满绿意的大花园园区内，设有原生植物生态池、香草植物区、有机蔬菜区、接待中心及树屋游憩区等设施，是一处寓教于乐、认识自然生态的欢乐天堂。接待中心里展示着族人努力的成果；到访游客也能体验各种 DIY 活动乐趣。有空时不妨到此喝杯青草茶，欣赏南台湾部落之美。

7 宁静优美的世外桃源
哭泣湖

🏠 屏东县牡丹乡东源村 199 线道 9 公里处 🚗 "国道" 3 号南州系统交流道下，左转胜利路，于台 1 线续行台 26 线，至屏 15 乡道左转，遇岔路左转 199 县道可达。

哭泣湖又名东源湖，就位于东源森林游乐区内。哭泣湖名称源于排湾族，因为"哭泣"代表的是水流汇集的地方。哭泣湖周边有群山环绕，波光粼粼的湖面上常可见水鸟悠游其中，湖光山色，景致宜人。从停车场沿步道往上走到山顶，有一座观海亭，由此远眺，可将太平洋美景尽收眼底。

尽享 自然原始风

　　一般到垦丁从事水上活动的游客，比较少踏及满州。不过，行家都知道，这里有着美丽风光，可以到南仁湖欣赏美丽风景，抑或在满州古朴的老街上，品味垦丁的自然人文。多种畅游法可让游客体验不一样的垦丁风情。

【满州导览图】

DAY 1

- ① 14:00 南仁湖生态保护区
- ② 16:00 榄仁溪
- ③ 18:30 陈秋枝山海产店
- ④ 19:00 小垦丁牛仔度假村

DAY 2

- Go 9:30 小垦丁牛仔度假村
- ⑤ 10:00 七孔瀑布
- ⑥ 11:30 友子阿嬷的家
- ⑦ 13:00 阿朗壹古道
- ⑧ 15:30 出风鼻·出风谷大草原

1 探访生态宝库
南仁湖生态保护区

📍屏东县满州乡南仁村 📞(08)886-1321（洽垦丁"国家公园"管理处）🕐8:00~15:30 🚗"国道"3号林边交流道下，左转台17线沿海公路接台1线屏鹅公路，续接台26线屏鹅公路至恒春镇往东，接200号县道恒东路直行至满州乡，沿路标右转八瑶路即可抵达。

　　南仁湖生态保护区位于"国家公园"东北部的南仁山里，最早为沼泽地，经农民引水灌溉、筑堤建渠，长年累月地汇集成不规则的湖埤，又因山形间隔，看起来犹如许多大水塘。由于气候特殊，南仁山拥有非常丰富的生态资源，随便走走都能看到珍奇的景观，因此垦管处管理很严，若想一亲芳泽，必须事先申请。

2 天然景观犹如仙境
榄仁溪

📍屏东县满州乡南仁湖生态保护区西边 🚗沿200县道从满州往南仁山生态保护区方向前行，沿路旁路标进入，沿河床往上步行即可到达。

　　榄仁溪位于南仁山生态保护区内，终年流水潺潺，水量丰沛，由于交通较不便，很少有游客愿意至此，所以景观仍旧保持自然原始，使这里仿佛世外桃源。榄仁溪海拔虽然不高，但周遭林相丰富、茂密蓊郁，热带植物种类繁多，东边溪谷有一处清幽的瀑布，夏日时至此戏水，感觉特别清凉。

3 传统妈妈好味道
陈秋枝山海产店

📍屏东县满州乡中山路70号 📞(08)880-1205 🕐11:00~14:00，17:00~21:00 🚗"国道"1号转向88快速道路，经"国道"3号下屏东南州交流道后左转，走省道台1线经枫港，接省道台26线往恒春方向，接中山路可达。

　　许多老客人只要一到满州，都会先往陈秋枝山海产店报到。当地的山产、海产风味独特，多款特殊菜肴可是陈大姐的独门绝技，一道过山虾更是金字招牌，美食行家皆知梅雨季是过山虾肉质最为鲜美的时节。到这儿，只要简单几道合菜组合，即能令人大饱口福，回味无穷。

4 适合全家休憩游玩
小垦丁牛仔度假村

🏠 屏东县满州乡满州村中山路 205 号　📞 (08)880-2880
📧 www.nanrenhu.com.tw/kentington　💲 小木屋 2~4 人
房 6600 新台币起　🕐 入住 15:00，退房 11:00　🚗 "国
道" 1 号转向 88 快速道路，经 "国道" 3 号下屏东南州
交流道后左转，走省道台 1 线经枫港，接省道 26 线往
恒春方向，沿路标可达。

　　小垦丁牛仔度假村是全台首创西部牛仔风
格的度假村，地点远离垦丁市区的喧嚣，光是
园区内的设施与附近的田野风光，就能让房客
即使不外出，也可消磨一整天。想活动筋骨的
人，可以骑车穿梭于木屋间的羊肠小径。或是
登上园内的赏鸟亭，若值灰面鹫过境期间，也
许还能观赏到它们栖息的壮观场面。

5 体验超刺激快感
七孔瀑布

🏠 屏东县满州乡满州村中山路 43 号　📞 (08) 880-
1083（满州乡公所）　🕐 7:00~17:30　💲 全票 40 新台
币，半票 30 新台币　🚗 "国道" 1 号小港交流道下，
接 17 号省抵水底寮，续行 1 号省道至枫港，转 26 号
省道于恒春镇与 26 号省道鹅公路分岔路，从恒春
镇进入往出火景点方向前往，沿路标即可抵达。

　　恒春港口溪的支流加都鲁溪，从老佛山
流出后因落差而形成许多瀑布，七孔瀑布便
是其中之一，虽然迷你，但陡坡的刺激却带
来不小的乐趣。近来有业者开发全新垂降活
动，顺着河床溯溪往上走，再从峭壁垂降。
抓着绳索俯冲 5~6 米后落入潭水里，刺激
感不言而喻。

6 电影场景成单车民宿
友子阿嬷的家

🏠 屏东县满州乡中山路 54 号　📞 0912-160-757　💲 3~4 人通铺，每人约 400~
600 新台币　🚗 台 26 省道北路进恒春镇，接恒春路县道 200 进满州乡，经新庄
路至中山路乡公所对面即达。

　　《海角七号》最后阿嘉留信给古厝阿嬷的场景还让人记忆犹
新，单车达人阮曼娜灵机一动把古厝改成单车民宿，同时保留了
电影中友子阿嬷挑拣槟榔干儿的场景。民宿的庭院中有单车架，
屋内则有三套卫浴设备，以及古董橱柜。男主人郭老师也是位生
态解说导览员，可聘请他做私人导游。

7 环岛公路最后缺口
阿朗壹古道

◉屏东县牡丹乡村旭海村 ◉阿朗壹古道的两端分别是台26线的两头，车行至公路底端即可步行往古道入口。

　　阿朗壹古道位于满州东北方，连接屏东牡丹乡旭海村到台东达仁乡南田村间的道路，是琅峤卑南古道的一段，在清光绪年间开通。二战末期，日军因担心美军从旭海登陆便炸断该古道，造成观音鼻岬角崩崖的缺口，只有大退潮时才能行走海岸线，平常就得爬上山顶绕过观音鼻。而观音鼻顶端，也是观赏海岸线最美之处。

8 拥有自然原始风情
出风鼻·出风谷大草原

◉屏东县满州乡佳乐水北方 ◉南自200、200甲县道至佳乐水上行，北从九棚到南仁路下行，或由恒春经200县道过满州、片埔即达。

　　出风鼻·出风谷大草原位于南仁湖生态保护区右方、恒春半岛的最东边，仍保有洁净自然的原始环境。出风谷大草原绿草如茵、景观开阔，大如太平洋、小如鸳鸯池，都让人心情爽朗，而附近栖息的水鸭、鸟类、牛等，也常让游客惊讶雀跃。出风鼻附近的怪石、奇岩、沙丘，更能令人一览荒芜之美，值得前来开阔眼界。

逍遥 幽静古厝间

来到屏东县中心点潮州镇，少了城市的繁华，取而代之的是更接近自然的生态农场与森林乐园，人们体内的细胞似乎也跟着活跃起来。继续驱车至枋寮，不论是去水底寮古厝访古寻幽还是枋寮渔港大啖海产，都令人十分满足。

【潮州 · 枋寮导览图】

DAY 1

1 **15:00** 不一样鳄鱼生态农场

2 **17:30** 锦记肉圆

3 **18:00** 8大森林乐园

DAY 2

Go **9:45** 8大森林乐园

4 **10:10** 东海车站

5 **11:20** 水底寮古厝群

6 **12:00** 阿万海产店

7 **13:00** 枋寮艺术村

超值度假目的地
1 不一样鳄鱼生态农场

📍 屏东县潮州镇太平路 600 巷 108 号 📞 (08)788-2707,
0929-160-302 🕐 9:00~18:00（平日仅接受团体预约,假
日／寒暑假全天开放）🌐 www.crocodile-farm.com.tw 🚗 台
88 线快速道路终点下潮州，见指示牌往万丹方向接 189 县
道，五魁桥前沿农场指示牌右转河堤 600 米可抵。

　　不一样鳄鱼生态农场饲养近千只鳄鱼，农
场主人鄞启东养鳄 30 年，堪称台湾鳄鱼王。这
处屏东县第一座合法的鳄鱼休闲农场，里面鳄
鱼种类丰富，包括咸水鳄、新几内亚鳄、马来
西亚鳄、尼罗河鳄等，从刚孵化的小鳄鱼，到
身长 5 米的巨大河口鳄，场主说起来如数家珍。

超勇敢尝鲜体验

姜丝鳄鱼汤

　《本草纲目》记载：鳄鱼肉有破血逐瘀、消肿生肌的功效。姜丝鳄鱼汤以生姜、鳄鱼肉、鳄鱼骨长时间熬煮而成。看来浑身粗皮的鳄鱼，肉质竟鲜甜细致，口感与鱼肉相似度极高。带皮的鳄鱼肉含有丰富胶质，入口滑细熟嫩，极富营养价值。加入了生姜的汤头不带一丝腥味，清香甘甜、十分爽口。想品尝鳄鱼汤鲜美滋味的人，得事先向农场预订。

屏东

潮州·枋寮

不可不吃的当地小吃
2 锦记肉圆

📍 屏东县潮州镇建基路 177 号 📞 (08)780-4726 🕐 9:00~21:00 🚗 台 88 线
快速道路终点下潮州，遇指示牌往万丹方向接 189 县道即可抵建基路。

　　在潮州颇有名气的锦记肉圆，是许多人到此游玩必定造访的小吃店。店内招牌
肉圆为清蒸口味，外皮清爽不油腻，肉馅则扎实饱满，由于馅料经事先腌过，因此味
道很足。刚蒸好的肉圆表皮晶莹剔透，吃起来更是弹嫩。除了肉圆之外，其他如猪血
汤、油炸食品等也值得一试。

3 探索大自然的奥妙
8大森林乐园

屏东县潮州镇潮州路 800 号　(08)789-8822　周一至周六 8:30~17:00；周日、假日 8:00~17:30　全票 400 新台币、学生票 350 新台币、博幼票 300 新台币；创意森林住宿套票 (含住宿、门票、早午餐、夜间活动) 双人房每人 1350 新台币，四人房每人 1150 新台币；乐活森林住宿套票 (含住宿、门票、早午餐、夜间活动) 双人房每人 1100 新台币，四人房每人 900 新台币　www.bada.com.tw　"国道" 3 号下竹田潮州交流道，接台 1 线至 416 公里处即达。

乐园共有十多项大型游乐设施，大门是可爱的城堡设计，园内则以百花、美食、动物、鱼水、昆虫以及宿营等串联，其间亦栽种不少椰子树及桃花树，置身当中可以呼吸到芬多精的沁凉，暑气全消。这里大片的桃花心木林是全台唯一保持完整的森林。

4 缤纷图腾的艺术大道
东海车站

屏东县枋寮乡东海村西安路　"国道" 3 号林边交流道下，由台 17 线南下，进入枋寮市区前左转东海路，再转西安路即可抵达。

从车水马龙的台 17 线进入东海村，这里有座东海车站，车站前的西安彩绘大道，用缤纷的色彩和图腾营造出令人惊艳的视觉效果，让东海这个静谧的小村充满了艺术气息。东海车站只有一个简单的月台和遮阳顶篷，车站旁是一望无际的稻田和渔塭，充满南部农庄的淳朴风情。

5 百年古厝巡礼
水底寮古厝群

屏东县枋寮乡水底寮胜利路和复兴路口附近　"国道" 3 号南州交流道下，由台 1 线南下，至枋寮后左转复兴路，至胜利路口附近即达。

相传水底寮早在清初就已开垦，最早的开拓者分别是陈、梁、赵三姓氏家族，而水底寮古厝群就是这三家人先祖盖的房舍。这些古厝大多已人去楼空或倾倒毁损，尚存较能窥得全貌的仅剩下胜利路和复兴路附近的陈宅；房屋具有闽南风格，墙上书法、彩砖依稀可见，古色古香。

6 尚青的当地海鲜
阿万海产店

📍 屏东县枋寮乡中山路二段 232 号 📞 (08)871-1314
🕐 10:00~14:00，17:00~22:00 🚗 "国道" 3 号南州交流道下，由省道 1 号公路南下，餐厅就在台 1 线上，车行至枋寮即可到达。

　　位于台 1 线上的阿万海产店约有 20 年店龄，靠着当地新鲜海产在枋寮屹立不摇。每天清晨天还未亮，老板阿万就到枋寮渔港采买新鲜渔货，由于店里的海产够鲜，因此不论煎、炒、蒸、煮味道都非常到位，再加上价格平实，成为当地人最常宴客的海产店。

7 创造艺术休憩新环境
枋寮艺术村

📍 屏东县枋寮村储运路 15 号 📞 (08)878-4293 @ www.f3art.com 🚗 "国道" 1 号南下，转 88 快速道路、接 "国道" 3 号、南州交流道下，接省道台一线往枋寮市区方向，到枋寮火车站后右转即达。

　　枋寮艺术村源自枋寮生活文化促进会有感于枋寮地区长期缺乏展演空间，因此将枋寮火车站三号仓库改建为展演空间。来自各地、不同领域的艺术家们在此从事陶艺、木偶、空间设计、马赛克拼贴等多元化艺术创作，赋予艺术村新面貌。艺术村还会不定期举办活动，让喜爱艺术者有更多去处。

屏东

潮州·枋寮

饱尝 当地鲜美滋味

车城强劲的落山风与阳光，让洋葱的鳞瓣干燥没有露水，经由落山风洗礼，香气与甜度更是倍增。除了品尝洋葱创意美食，福安宫巷内海鲡鱼达人的私房好菜，还有四重溪温泉区的鸭蛋，都令人想一饱口福。

DAY 1

1 15:00 车城福安宫

2 16:30 车城乡农会超市

3 17:30 伯公绿豆蒜

4 18:30 垦丁六福庄度假旅馆

DAY 2

Go 9:00 垦丁六福庄度假旅馆

5 9:30 海口港

6 10:30 黄金海岸景观公路

7 12:00 新兴餐厅

8 13:00 潘氏农场

【车城导览图】

1

全台最大土地公庙
车城福安宫

📍 屏东县车城乡福安村福安路 51 号 📞 (08)882-1345、(08)882-3450 🕐 5:00~22:00 🚗 "国道" 3 号南州交流道下左转直行 1 公里，接台 1 线至水底寮后直行枫港，接台 26 线往垦丁方向行约 15 公里后进入车城，沿福安宫路标续行可达。

　　大多数土地公庙总是小小一座，来到福安宫绝对让人大开眼界！它的历史可追溯至 400 年前泉州移民渡海开垦，当时瘟疫频传，于是居民搭盖茅舍祈求福德正神庇佑。1980 年扩建时，福德老爷有求必应，在信众的出钱出力下，有了如今三进六楼庙殿，以及七层楼高的香客大楼。

2

当地礼品一次买齐
车城乡农会超市

📍 屏东县车城乡福兴村中山路 15 号 📞 (08)882-4052 🕐 7:00~21:00 @ www.ccfarmer.org.tw 🚗 "国道" 3 号南州交流道下左转，接台 1 线至水底寮后直行枫港，接台 26 线往垦丁方向续行进入车城，于 199 线道与台 26 线交叉路口可达。

　　车城出产多样美食，因此车城乡农会超市特别推出洋葱蛋卷与温泉米，包装精美又具当地特色。手工制作洋葱蛋卷洋葱香气浓郁，香脆可口；温泉米仅仅收购四重溪附近以温泉水灌溉 4~5 公顷稻田的一期稻作，煮起来味香弹性佳。有机会到这里，不妨带回去当礼物与亲朋好友共享。

3

鲜美海鲡鱼专卖店
伯公绿豆蒜

📍 屏东县车城乡福兴村北门路 82-30 号 📞 0912-783-668、(08)882-5961 🕐 8:00~17:00 🚗 "国道" 3 号南州交流道下左转直行 1 公里，接台 1 线至水底寮后直行枫港，接台 26 线往垦丁方向行约 15 公里后进入车城，沿福安宫路标续行约 5 分钟可达。

　　到伯公绿豆蒜吃海鲜？没错！这里除了提供好吃的绿豆蒜，两大个冷冻柜里更塞满了鱼肚、鱼肝、鱼肩等部位，而且都源自海鲡鱼、鲔鱼等高档鱼种。原来担任渔会总干事十多年的老板堪称鲜达人，潜心钻研海鲡、泰国虾等养殖技术多年，凡是由他所烹饪的佳肴，都令人食指大动。

4 当地食材各地菜肴
垦丁六福庄度假旅馆

📍 屏东县车城乡海口村 6-5 号 📞 (08) 882-5765 @ www.
leofooresort.com.tw 🕐 入住 16:00，退房 11:00 💲 观景客
房 7000~8000 新台币，星隅客房 9000~10000 新台币
🚗 "国道" 3 号南州交流道下左转直
行，接台 1 线至水底寮后直行枫港，
接台 26 线往垦丁方向进入车城，
按沿途路标续行可达。

很多人不喜欢洋葱的
呛鼻味道，但来到六福庄，
应该会对洋葱改观。因为车城当
地的洋葱不但没有进口洋葱的辛辣，经过主厨
精心烹调，还能引出食材本身的鲜甜，彻底满
足味蕾。饭后，不妨泡泡房内的黄金温泉，透
过观景窗静赏夜晚渔火之美，感受南欧庄园的
独特慢活步调。

5 小渔港享静谧风情
海口港

📍 屏东县车城乡海口村 🚗 "国道" 3 号南州交流道下
左转直行 1 公里，接台 1 线至水底寮后直行枫港，接
台 26 线往垦丁方向行约 15 公里后进入车城，按六福
庄路标续行可达。

作为蓝色公路的终点站，海口港是个很有
味道的小地方。最佳玩法是乘坐马车环港一圈，
途经设计时尚的港口游客中心，可远望渔船进
进出出，而这里的夕阳之美，更赢得了"赛关
山"的赞誉。若在傍晚时至此，不妨坐在堤岸
边，静待金红的太阳落下海面，以及天边绚烂
的彩霞。

6 漫步逐浪花赏海景
黄金海岸景观公路

📍屏东县车城乡海口港旁 🚗"国道"3号南州交流道下左转直行1公里，接台1线至水底寮后直行枫港，接台26线往垦丁方向行约15公里后进入车城，由海口港右转可达。

黄金海岸景观公路于2009年完工，从海口港到福安宫约2.8公里，沿岸不但设置艺术造景的行人步道，也有休憩凉亭可供小歇，无论是慢慢散步，还是骑车吹海风都很舒畅。建议卷起裤管到沙滩逐浪戏水捡贝壳，可享受不同于垦丁喧闹拥挤、仿佛拥有私人沙滩般的惬意。

7 红仁鸭蛋时蔬入菜
新兴餐厅

📍屏东县车城乡温泉村温泉路132号 📞(08)882-3501 🕐11:00~22:00 🚗"国道"3号南州交流道下左转，接台1线至水底寮后直行枫港，转台26线往垦丁方向进入车城，左转199线道，见四重溪路标续行可达。

车城盛产红仁鸭蛋，这里的鸭子在水质清澈的四重溪边放养，吃最天然的牧草、水中的鱼虾，因此产出的蛋个头大、蛋黄更红润有光泽。广受食客好评的新兴餐厅，老板使用当地鸭蛋，结合山苦瓜、山药等野菜山蔬烹调出多道菜肴，没有太繁复手法，吃得出食材的原味。

屏东

车城

8 自然风味礼品
潘氏农场

📍屏东县车城乡温泉村温泉路47巷5号 📞(08)882-2437、0935-461-070(参观养鸭场需先预约) 🕐7:00~23:00 🚗台26线往恒春方向直行，在车城乡遇四重溪温泉路左转直行可达。

考虑到养鸭对河川生态会造成压力，潘氏农场请专家评估后，决定只养1500只，每日限量生产的咸鸭蛋、皮蛋均卖完为止。鸭子采用自然野放法，除了调配的饲料，还喂食牧草降低蛋黄中的胆固醇，并定期将蛋送往畜产会检验，让大家食用时无顾虑，是来四重溪必买的礼品。

恒春·车城

畅游 电影拍摄地

恒春位于屏东县南端，因为有古城门环绕，充满隽永的怀旧氛围。这里原本只是通往垦丁的交通要道，却因电影《海角七号》大受欢迎，让曾经在此取景之处都成了追星族的热门必游景点。有兴趣的人，不妨也来瞧瞧。

【恒春·车城导览图】

DAY 1

① 14:30 恒春东门·南门

② 16:00 阿嘉的家

③ 17:30 伙计鸭肉冬粉

④ 18:30 夏都沙滩酒店

DAY 2

Go 9:00 夏都沙滩酒店

⑤ 10:00 龙銮潭

⑥ 11:30 山海渔港

⑦ 12:30 照利庭园海鲜餐厅

⑧ 14:00 海洋生物博物馆

1 保存完好的古城门遗迹
恒春东门·南门

📍 屏东县恒春镇东门路（东门），屏东县恒春镇恒南路（南门）
🚌 通往垦丁的恒南路上，可看见南门。从南门往北走中正路，转东门路，经过镇公所，可见东门。

恒春镇有东、西、南、北四座古城，建于1875 年，是当时清朝为加强此地防护工事而筑，目前东门和南门保存较好；西门仅存城门；北门连墙垛都不见了。自从恒春半岛成为热门风景区，通往垦丁的南门城墙避免不了拆除命运，仅剩一座城门伫立街头。东门不但有城门，城楼还保留了一段城墙。

2 人气最高的热门景点
阿嘉的家

📍 屏东县恒春镇光明路 90 号 🚌 垦丁往恒春方向，走恒南路接南门后往西绕即可见光明路，再沿光明路续行即可抵达。

随着电影《海角七号》走红，剧中男主角阿嘉的住家场景也成为热门景点。位于恒春光明路这间屋龄超过 50 年的两层楼老房子几乎每天都有游客造访，俨然是全台最具人气的民宅。而原本是自住的空屋，也因为电影的反响太热烈，据说屋主决定要改建成民宿，让游客继续前来回味《海角七号》。

3 风味独具鸭小吃专家
伙计鸭肉冬粉

📍 屏东县恒春镇中山路 115 号 📞 (08)889-1298
🕐 17:30~24:00 🚌 由屏鹅公路进恒春镇中山路，于福德路交叉口处。

恒春镇上卖冬粉鸭最具历史的三代老店，每逢黄昏开店营业，客人便川流不息。店里还卖鸭子的各式内脏，因为卤得实在好吃又香醇，往往得提早几天预约才吃得到。研发独门秘方所煮出来的鸭肉，散发烟熏和卤鸭的特别香气，无论搭配冬粉、面条或米粉，蘸点独家酱料，都很有风味。

4 拥有专属私人沙滩
夏都沙滩酒店

◉ 屏东县恒春镇垦丁路 451 号 📞 (08)886-2345 🕐 入住 15:00，退房 12:00 💲各馆依房型与促销方案各异而有不同房价，请以订房时官网公告价格为准 @ www.ktchateau.com.tw/kt/kt_index.htm 🚗 "国道" 3 号下南州交流道，转台 1 线南下接南下 26 号屏鹅公路沿着路标直走到垦丁，沿垦丁路直走即可到达。

夏都沙滩酒店是垦丁地区唯一拥有专属私人沙滩的饭店，这条长达 2 公里、房客专属的洁净沙滩，正是夏都拥有超高住房率的原因。沙滩上椰林茅屋、吊床，映衬着碧海蓝天，让人爱上这般悠闲的度假氛围；内部住宿则区分为普罗、马贝雅等馆。这里同样因为是《海角七号》场景之一，而受到游客青睐。

5 重要赏鸟据点
龙銮潭

◉ 屏东县恒春镇草潭路 250 巷 86 号 🕐 8:30~17:00 🚗 "国道" 3 号南州交流道下，接台 1 线南下方向，过水底寮、枋山、枫港后接台 26 线直行，接屏 158 乡道续行，见龙銮潭自然中心指示牌即达。

此处不仅是赏鸟胜地与生态教室，其南岸有一处观景区，草地前方为水田，春天插秧之后绿油油一片，更远处就是龙銮潭，天宽地阔的景象相当美丽。而龙銮潭西岸的龙銮潭自然中心，若选对时机前来，就能通过中心设置的望远镜清楚观赏到来此过冬的候鸟、留鸟以及雁鸭。

6 保有早期渔村生活气息
山海渔港

📍屏东县恒春镇山海村 🚗垦丁市区往恒春方向过核三厂，看到往红柴坑渔港、后壁湖的路标后右转，沿着山海路标续行即可抵达。

　　山海渔港名唤"山海"，因它恰如其名是个背山面海的美丽港口。渔港旁村落仍保有早期台湾渔村生活气息，包括用珊瑚礁石筑砌的房舍、坐在院子里补鱼网的老伯，每个角落都散发着过去的味道。除了清晨黄昏渔船进出港的时间外，四处呈现一片宁静，但自从《海角七号》在此取景，这里也成为热门景点。

7 风味取胜远近驰名
照利庭园海鲜餐厅

📍屏东县恒春镇龙水里糠林南路 6 号 📞(08)889-6587 @ tw.myblog.yahoo.com/jhaoli ⏰ 11:00~14:00，17:00~22:00（每周三公休）🚗自恒春沿屏鹅公路由恒春往垦丁方向，遇龙銮路右转直行可达。

　　照利庭园海鲜餐厅原本位于核三厂附近，搬到现址后一样生意兴隆，店内最出名的刺鲑米粉与刺鲑皮其实并非鲑鱼，而是六斑刺河鲀，这种全身上下布满300多根倒钩刺的鱼纯粹是"吃气味"。抱着大尝鱼鲜想法的食客可能要失望了，业者说，店内美食以风味取胜，是恒春半岛上颇有特色与想法的餐厅。

8 丰富有趣适合全家游览
海洋生物博物馆

📍屏东县车城乡后湾村后湾路 2 号 📞(08)882-5678 ⏰夏令 (4~11 月) 平日 9:00~18:00、假日 8:00~18:00；冬令 (1~3 月、12 月) 平日 9:00~17:00、假日 8:00~18:00 💲全票 450 新台币，优惠票 250 新台币 @ www.nmmba.gov.tw 🚗"国道" 1 号至五甲系统接 88 号快速道路，接 3 号"国道"南下，至南州下交流道走 1 号省道过枫港接 26 号省道，至车城乡后转后湾村方向，即可抵达。

　　博物馆偌大的空间规划了许多主题性展馆，包括台湾水域馆、珊瑚王国馆以及世界水域馆。在台湾水域馆里，运用从山到海的展示方式模拟实地景象的生态与景观。珊瑚王国馆以 84 米长的海底隧道，带领游客展开华丽之旅。世界水域馆则以时空探查艇遨游时空及各海域为故事主轴，引领大家参加。

乐活 阳光沙滩趣

　　堪称"新鲜老字号"的垦丁，有细白的沙滩、湛蓝的海洋，还有令人惊叹的山景……最重要的是，无论自然生态奇景还是灯光闪耀的夜生活，都洋溢着不同属性的魅力。现在，就拿出你的青春热血，到垦丁去探险吧！

【恒春・垦丁 1 导览图】

DAY 1

❶ 14:00 鹅銮鼻公园

❷ 16:00 垦丁青年活动中心

❸ 17:30 垦丁大街

❹ 19:30 垦丁凯撒大饭店

DAY 2

Go 9:30 垦丁凯撒大饭店

❺ 10:00 垦丁森林游乐区

❻ 12:30 菜多多海鲜

❼ 13:30 寄居蟹湾・星沙湾

❽ 15:30 关山莲庄

1 台湾最南端地标
鹅銮鼻公园

📍 屏东县恒春镇灯塔路 90 号　📞 (08)885-1101　🕐 1~3 月、11~12 月 7:00~17:30；4~10 月 6:30~18:30　💲 全票 40 新台币、半票 20 新台币，团体 8 折　🚗 "国道" 3 号林边交流道下往垦丁方向，走台 17 线经水底寮后转入台 1 线，过枫港接台 26 线经恒春至垦丁即可到达。

　　鹅銮鼻是台湾最南端的岬角，以珊瑚礁石灰岩地形及灯塔最为人所熟悉。在鹅銮鼻公园内，擎天石、亲吻石等奇岩景致，怪石嶙峋的珊瑚礁海岸，丰富的海边植物生态都是游赏的重点。高 21.4 米的鹅銮鼻灯塔有"东亚之光"的美誉，雪白圆柱形的外观搭配蓝天绿野，是拍照留念最佳处。

2 优美闽式建筑为特色
垦丁青年活动中心

📍 屏东县恒春镇垦丁路 17 号　📞 (08)886-1221　🌐 kenting.cyh.org.tw　🚗 "国道" 1 号下小港机场交流道，接台 17 线经林园、东港、林边、水底寮，续接台 1 线至枫港，转接台 26 线直达垦丁，过垦丁"国小"后直行约 200 米右转，即可到达。

　　从热闹大街步行可抵的青年活动中心，内部有餐厅、便利商店、脚踏车出租及洗衣房等服务。最令人印象深刻的是，这里以闽式建筑群为特色，角楼、月门，各有不同情调。中心旁为青蛙石海岸游乐区，有许多奇形怪状的礁岩；附近的南湾是赏日落的好地方；活动中心对街还有小酒馆。

3 吃喝玩买一次搞定
垦丁大街

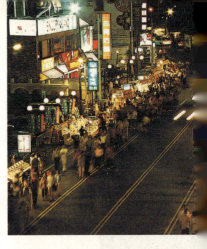

📍屏东县恒春镇垦丁路 🚗"国道"1号下小港机场交流道，接台 17 线经林园、东港、林边、水底寮，续接台 1 线至枫港，转接台 26 线即可直达垦丁。

入夜之后的垦丁街，弥漫着轻松、欢乐的度假气氛。林立的南洋风味餐厅与小酒馆的七彩霓虹，让人误以为置身在苏美岛或普吉岛等热带岛屿。短短的垦丁街，各国风味美食、小吃让人不知从何选择，而创意 T 恤店、手工创作纪念品、家饰品更让人留恋。在这条街上，吃喝玩买可一次得到满足。

4 六星级时尚别墅
垦丁凯撒大饭店

📍屏东县恒春镇垦丁路 6 号 📞(08)886-1888 🕐入住 15:00，退房 12:00 💲蜜月客房 12000 新台币，花园客房 15000 新台币，豪华套房 25000 新台币（上述各价格需另加 10% 服务费）@kenting.caesarpark.com.tw 🚗"国道"3 号于屏东南州下交流道后左转，沿路标衔接台 1 线、至枫港续行台 26 线省道往垦丁方向前进。车行过垦丁大街后即达。

垦丁凯撒大饭店是时尚与南洋别墅风兼具的度假饭店。住房十分雅致，每个细节都让旅客宾至如归。位于地下一楼的休闲中心则分为主题式青年馆及儿童馆两大区块，在青年馆内，房客只要凭房卡登记就可免费使用其中的设施；儿童馆则有球池区、故事屋等，提供孩子们安全舒适的游憩空间。

5 自然奇景举世闻名
垦丁森林游乐区

📍屏东县恒春镇垦丁里公园路 201 号 📞(08)886-1211 🕐8:00~17:30 💲假日全票 150 新台币、半票 75 新台币，非假日全票 100 新台币 🚗"国道"3 号林边交流道下，接台 17 线→枋寮至枫港，转接台 26 线往垦丁方向，沿路标可达。

垦丁森林游乐区占地 400 多公顷，是台湾礁岩地形代表，也是第一座热带植物林，有超过 1000 种的热带树种，成为八个世界知名的实验林场之一。俗称的垦丁公园分为三大区，游客得以玩赏的是前两区，那里有台湾人熟知的石笋宝穴、钟乳石仙洞、茄苳巨木、一线天、迷宫林，新奇壮观。

6 物超所值的必尝美味
菜多多海鲜

📍 屏东县恒春镇恒南路 90 号　📞 (08)888-3679　@ tw.myblog.yahoo.com/tsaidodo　🚗 "国道" 3 号南州交流道下，接台 1 线南下方向，过水底寮、枋山、枫港后接台 26 线续行，走县道 200 号进入恒春镇内，接恒南路过南门前行见黄色招牌即达。

　　店面虽不起眼，但供应的菜色就如店名一般"菜多多"，每日有近百种菜色任君选择，台式海鲜、广式热炒，应有尽有，而且大多在 100 新台币上下，价钱实惠，加上厨师手艺高超，开店不久就已名声大噪。这里招牌菜不少，老皮嫩肉、椒盐猪脚、醋熘软丝等点菜率一直居高不下，有机会到垦丁，一定要来尝鲜。

7 珊瑚礁岩的潮间带生态
寄居蟹湾 · 星沙湾

📍 屏东县恒春镇南湾路 388 号　🚗 台 26 线往鹅銮鼻方向 30 公里处（寄居蟹湾）；后壁湖游客停车场后方（星沙湾）。

　　寄居蟹湾为眺石海洋资源保护示范区的海湾地带，沙滩与海水交界处礁石密布、湾岸平整、景致优美，傍晚时分更成为寄居蟹的大本营。星沙湾也是由垦管处列为生态保育区，有着"垦丁最洁净海域"之称，由星沙及贝壳沙冲积而生的滩岸，最适合想远离拥挤人潮的民众前往休憩。

8 观夕阳喝咖啡
关山莲庄

📍 屏东县恒春镇槟榔路 9-8 号　📞 (08) 886-6883　@ www.glv.idv.tw　💲 入园门票 100 新台币（可抵餐饮消费）　🚗 "国道" 1 号接 88 快速道路，转"国道" 3 号，于南州交流道下，接 1 线往南行，接台 26 线南行，于车城右转后湾，经海洋博物馆直行西海岸公路约 10 公里处，左转关山即达。

　　关山落日是恒春半岛知名的天然美景，而位于关山旁的莲庄，近乎 180 度面对台湾海峡，任何角度都能欣赏到海天一线的壮阔景观，称得上是关山落日的最佳取景点。为了方便游客赏落日，业者在山崖边以茅草枯枝搭设茅棚，天然又原始。咖啡是莲庄的强项，是欣赏落日美景的最佳良伴。

徜徉 广阔田野草原

来到艳阳南国垦丁，只在夜晚随着音乐摇摆绝对不过瘾！不趁机感受这里阳光、沙滩的特有魅力，未免可惜。现在就跟着我们，天旋地转上山下海燃烧青春，或大啖生猛海鲜与异国美食，享受难得的垦丁假期！

DAY 1

1. **14:30** 哈利波特草地飞球场
2. **16:00** 邓哥帆船俱乐部
3. **18:00** 旅南活海鲜
4. **19:00** 二手童话

DAY 2

Go. **9:00** 二手童话
5. **9:30** 社顶自然公园
6. **11:00** 笼仔埔草原
7. **12:00** 巴厘公主南洋餐厅
8. **13:00** 工房海人

【恒春·垦丁 2 导览图】

1 飞球飞车欢乐无限
哈利波特草地飞球场

📍 屏东县恒春镇南湾路 770 号　📞 (08)886-2777　🕐 9:00~21:00
💲 飞球每趟两人 380 新台币；沙滩车半小时 600 新台币　@ www.wretch.cc/blog/likelove921　🚗 "国道" 3 号南州交流道下，转台 1 线往垦丁方向，沿路标可达。

　　垦丁海上活动精彩，陆上的玩法也多种多样。哈利波特草地飞球场就是追求刺激玩家的最爱，玩法是把自己装进半透明大球中，顺着斜坡滚下，重力加速度带来的天旋地转，相当过瘾！近来，飞球场还把在沙滩上飙风的四轮沙滩车搬到蔓草中穿山越岭，那种极速快感令人血脉贲张。

2 感受海洋惊人魅力
邓哥帆船俱乐部

📍 垦丁南湾海域　📞 0933-011-081 老邓　🕐 事先预约　🚗 "国道" 3 号于南州交流道下，转台 1 线往垦丁方向，过枫港接 26 号省道经车城，抵达恒春后沿外环道续南下，过核三厂继续前行即可抵达。

　　玩帆船 30 多年的邓哥，在玩出心得后，干脆经营起邓哥帆船俱乐部，带领游客分享乘风破浪的乐趣。只见他熟练地拉动绳索调整风帆角度，才感受到凉风吹过发梢，船身已经开始加速，犹如飞箭般划过水面。乘客可以坐在船边，静观南湾风情；或者躺在船头，感受乘风破浪的刺激。

3 台式海味新鲜上桌
旅南活海鲜

📍 屏东县恒春镇垦丁路 197 号　📞 (08)886-1036　🕐 平日 11:30~14:30、17:00~22:00，假日 11:00~22:00
💲 合菜 6 人 1500 新台币、8 人 2000 新台币、10 人 2500 新台币，单点依时价　@ www.088861036.com　🚗 "国道" 3 号下南州交流道，接省道 1 号，至枫港续接省道 26 号一路南下，经车城、恒春、南湾，续行垦丁即可到达。

　　当地经营三十余年，口碑历久不衰的旅南活海鲜，特色就在于食材新鲜。因大部分食材为现捞现煮，或当地当令的新鲜渔获，师傅只要原味重现，就可征服客人的胃。旅南的大厨不是时下常见的职校出身，而是由厨房学徒开始，累积多年烹饪经验后出师，难怪做出来的菜都能成为招牌。

4 特色民宿创意满满
二手童话

🏠 屏东县恒春镇垦丁路和平巷91号 📞 (08)886-2993 🕐 入住 14:00，退房 11:00 💲 淡季平日 2300~4800 新台币，旺季、假日 3200~6000 新台币 🌐 www.ktfun.idv.tw 🚗 "国道" 3 号下南州交流道，接省道 1 号，至枫港续接省道 26 号一路南下，经车城、恒春、南湾，续行垦丁即可到达。

二手童话是栋三层建筑的民宿，每层楼各有不同特色。一楼以中美洲墨西哥的热情作为布置主题；二楼中古蛋生房，把整张床装进半颗蛋壳里，富含童趣创意。至于三楼的房间，则是在小阁楼中藏着北欧农村风情的布景。不管入住哪一间房，如此缤纷的变化，的确像是到了童话世界。

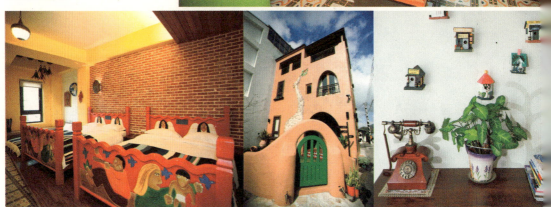

5 动植物生态教室
社顶自然公园

🏠 屏东县恒春镇屏鹅公路上垦丁大街旁 📞 (08)886-1321（冶垦丁 "国家公园" 管理处）🚗 "国道" 3 号下南州交流道，接省道 1 号，至枫港续接省道 26 号一路南下，经车城、恒春、南湾，续行垦丁，沿垦丁森林游乐区牌楼进入，在水源地右转即可抵达。

社顶自然公园早年是排湾族聚落区，纳入"国家公园"的范围后，便以最少的人工设施来展现自然与游憩景观。13 公里的步道、导览图、解说标志，都有引领游客的功能。而 180 多公顷的公园内，珊瑚礁岩洞、石笋、峡谷、草原居多，再加上处处可见的灌木丛，实在是一处充满原始风味的天地。

6 四季转换不同风情
笼仔埔草原

📍屏东县恒春镇笼埔路 📞(08)886-1321（治垦丁"国家公园"管理处）🚗沿屏153乡道接台26线经南湾、垦丁大街往船帆石方向，沿165乡道一路而上即可抵达。

位于风吹沙旁的笼仔埔草原，连接周边广大的垦丁特有牧场区，形成视野宽阔的草原风光，尤其是春天和夏天，景色壮观，东望可见到太平洋，天晴时还可远眺兰屿；秋天是牧草转成金黄的时期，到了冬天，一颗颗收割后卷起来的牧草球，更是朴拙可爱，使笼仔埔草原有着四季不同的风情。

7 尽享异国美食
巴厘公主南洋餐厅

📍屏东县恒春镇垦丁路273号 📞(08)885-6885 🕐平日11:00~14:30、17:00~23:00，假日11:00~24:00 🌐www.putribali.com.tw 🚗"国道"3号终点，进入屏东林边台17线接台26线，进入垦丁大街后沿址可达。

才进入巴厘公主南洋餐厅，从门口的工艺摆设中，就能感觉到来自巴厘岛的热情。除了装潢的用心，餐厅的美食把握住酸与辣两种南洋风味中不可或缺的元素，再针对台湾人的口味调整，像铁板牛柳与泰烧咖喱虾就掌握了恰到好处的酸辣味，所以能令吃过的人都再三回味。

8 有特色有质感的T恤
工房海人

📍屏东县恒春镇垦丁路134号 📞(08)886-1289 🕐假日11:00~23:00 🌐mady.myweb.hinet.net 🚗"国道"3号终点，进入屏东林边台17线接台26线，进入垦丁大街后沿址可达。

工房海人是来自日本冲绳的知名手工T恤品牌，素色纯棉的衣料粘上"海人"二字，是该品牌的经典款式。海人是冲绳对于渔夫的特有称呼，表示了讨海者对于海洋的依恋与认同。就是因为工房海人的商品不仅富有文化意义，加上图样有设计感，衣服品质更是耐洗耐穿，因而吸引不少游客慕名购买。

慢享 恒春怀旧情

　　不是所有人都喜欢追逐垦丁大街的人潮与刺激，如果只想慵懒地慢游，那么恒春就是最佳散心去处。穿过古城门，走进这静谧小镇，老街让人的心头涌上怀旧情调，无论是欣赏琉璃珠作品还是低吟民谣小曲，都惬意极了。

【恒春市区周边导览图】

DAY 1
- ① 14:30 恒春民谣馆
- ② 16:00 遇见蜻蛉琉璃手作坊
- ③ 17:30 午后 24.3 冰工房
- ④ 18:30 迎薰旅店

DAY 2
- Go 9:30 迎薰旅店
- ⑤ 10:00 出火景观
- ⑥ 11:00 恒春生态休闲农场

1 低吟老调思想起
恒春民谣馆

📍屏东县恒春镇恒南路 170 号 📞(08)888-0293 🕐 9:00~18:00，周一休馆 💲免费参观 🌐 www.wretch.cc/blog/hcfolksong 🚗"国道"1 号下小港交流道，沿 17 号省道抵水底寮，续行 1 号省道南下经枋山抵枫港。由此转 26 号省道南下至车城，往恒春镇内前进，至恒南路即可抵达。

讲到恒春知名的艺术活动，就一定要提到民谣。一句"唱一段思想起"，勾起不少人回忆。为保留并推广恒春民谣，恒春民谣馆于 2010 年成立，将恒春旅游医院旁一幢建造超过半世纪的小砖屋改造成极具地方特色的展馆。展示柜中每一张曲谱、歌词都吟咏着老百姓的喜悦哀愁，值得品味。

2 独一无二琉璃作品
遇见蜻蛉琉璃手作坊

📍屏东县恒春镇中山路 79 号 📞 0935-332-255 🕐 11:00~20:00 @ tw.myblog.yahoo.com/meet_79@ymail.com 🚗由屏鹅公路 (台 26 省道) 进入恒春镇内，往西门方向至中山路即可抵达。

琉璃达人阿 Ken 老师的作品强调工法精细，一般琉璃珠是把图案画在外面，她却是将立体图案包进琉璃中，每个角度都能赏玩。正因为工法繁复，失败概率也很高，能够摆到柜上的作品，可都是少有的精品，数量非常有限，因此若想拿来当作配饰，完全不用担心与其他人选到相同样式的窘况。

3 不会醉的酒冰棒
午后 24.3 冰工房

📍屏东县恒春镇中山路 196 号 📞(08)888-2285 🕐周一、周二 12:00~21:00，周四至周日 12:00~21:00（周三公休） @ www.facebook.com/noon243 🚗由屏鹅公路 (台 26 省道) 进入恒春镇内，往西门方向至中山路即可抵达。

午后 24.3 冰工房就在恒春西门旁，主打手作冰棒，而其中以调酒口味最为特殊。调酒冰棒酒精浓度比啤酒还略低，可以放心地享用，吃起来沁凉又有微醺的浪漫感受。此外，店家也兼卖手工现做比萨，有海鲜、夏威夷、蘑菇等口味。酥脆的手擀薄皮，加上恒春当地名产洋葱提味，吃起来令人赞不绝口。

屏东

恒春市区周边

恒春镇6岁靠著，在恒盛名。音乐家挖掘间，的发红民歌曲，起＞。

4 古城美景伴入眠
迎薰旅店

📍 屏东县恒春镇省北路 40 巷 121 号 📞 (08)889-9666
🕐 入住 15:00，退房 11:00 💲 平日 1200~1840 新台币、旺季 1600~2240 新台币、假日 2000~3200 新台币
📧 fumigates.ekenting.tw 🚗 "国道" 3 号南州交流道下，往新埤/南州方向，左转接胜利路，于台 1 线路口右转接屏鹅公路，至省北路 200 县道 (全家福鞋店) 左转即可抵达。

迎薰旅店为地中海式风格，却采用黄、朱为主要色系，让人眼睛为之一亮。搭配上原本是幼儿园教室的建筑，充满童趣。房内没有太多复杂分割，简单温馨的视觉风格加上大空间，适合家庭或好友们出游居住。旅店距离恒春北门很近，在二楼走廊上就可以眺望古城，发思古之幽情。

5 火舞点亮恒春夜晚
出火景观

📍 屏东县恒春镇东门城外往佳乐水方向公路左侧 🚗 由恒春镇市中心走东门路接 200 号县道，直行即可抵达。

因天然气由地底泥岩裂隙溢出，点火后燃烧犹如喷火，因此称为"出火"。其地质为泥岩层，特性为裂隙多，使得火苗会到处游移。冬、春季时气候干燥，出火现象则较为壮观，夜晚最明显。这里的火焰几乎是终年不灭，空气中还飘散着一丝丝瓦斯味，是恒春地区相当特殊的景观。

6 兼具知性与感性的农庄
恒春生态休闲农场

📍 屏东县恒春镇山脚里路 28 之 5 号 📞 (08)889-2633 🕐 5~9 月 (萤火虫季) 9:00~20:30；10 月~次年 4 月 (非萤火虫季) 9:00~18:00 💲 全票 150 新台币、半票 100 新台币 🌐 www.ecofarm.com.tw 🚗 由屏鹅公路 (台 26 省道) 进入恒春镇内，经南门圆环直走至恒春工商旁左转湖内路，续行至镇南宫牌楼，右转上坡直行即可抵达。

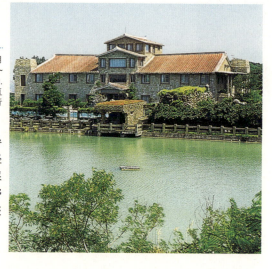

恒春生态休闲农场是全台第一座由农委会辅导的观光生态农园，以自然农耕兼顾生态保护的方法经营，并结合休闲发展生态旅游。白天到此可赏花、采摘、游泳、烤肉等。夜晚则能感受与都市不同的原野风情，还可观星、赏萤。站在地势较高的农场，甚至可以尽览南湾、龙銮潭、关山落日美景。

南台湾嬉游点索引

责任编辑： 朱轶佳　neverland1220@hotmail.com
　　　　　　于佳宁　freyalise_mage@hotmail.com
责任印制： 冯冬青

图书在版编目（CIP）数据

南台湾二日游 / 行遍天下记者群著. –– 北京：
中国旅游出版社，2013.1
　ISBN 978-7-5032-4622-7

　Ⅰ.①南… Ⅱ.①行… Ⅲ.①旅游指南–台湾省
Ⅳ.① K928.958

中国版本图书馆CIP数据核字（2012）第287621号

北京市版权局著作权合同登记号：图字：01–2012–8591

书　　　名：南台湾二日游

作　　　者：行遍天下记者群
出版发行：中国旅游出版社
　　　　　（北京建国门内大街甲9号　邮编：100005）
　　　　　http://www.cttp.net.cn　E-mail:cttp@cnta.gov.cn
　　　　　营销中心电话：010-85166503
排　　版：北京中文天地文化艺术有限公司
经　　销：全国各地新华书店
印　　刷：北京翔利印刷有限公司
版　　次：2013年1月第1版　2013年1月第1次印刷
开　　本：720毫米×970毫米　1/16
印　　张：12
字　　数：222千
定　　价：38.00元
I S B N　978-7-5032-4622-7